DOUCES MAILLES pou:

Debbie Bliss

photographies de Debi Treloar

DOUCES MAILLES pour bébés câlins

plus de 20 modèles pour accompagner votre bébé de ses premiers jours à ses premiers pas

Editions OUEST-FRANCE

introduction

La période qui précède l'arrivée de bébé est particulièrement propice au tricot. Quoi de plus relaxant, en effet, que de créer de ses propres mains des vêtements et des accessoires destinés à accueillir ce petit être dans son foyer ? J'ai donc souhaité, avec **Douces mailles**, vous proposer quelques modèles originaux qui accompagneront bébé de ses premiers jours à ses premiers pas.

Divisé en trois sections intitulées *Bienvenue*, *À la maison* et *En promenade*, ce livre explique aux nouveaux parents comment tricoter tout ce dont bébé a besoin jusqu'à ses 18 mois.

Dans *Bienvenue*, vous trouverez tous les indispensables de la garde-robe de bébé : un châle dans lequel il pourra se pelotonner, un nid d'ange en cachemire mélangé – très doux contre sa peau délicate –, ainsi qu'un ensemble brassière-pantalon coordonné et un gilet confortable, qui apporteront une touche de modernité à la layette classique. Une maisonnette à encadrer et un petit mouton en peluche viendront compléter le décor de sa chambre.

À la maison présente des modèles adaptés à toutes les activités de bébé : une sortie de bain très douce en coton et de gros chaussons feutrés pour rester bien au chaud, un short classique et une culotte bouffante parfaits pour explorer en rampant, de même qu'un coussin de sol moelleux pour se reposer avant d'aller jouer avec le mobile de petits cœurs suspendu au-dessus du berceau.

La section *En promenade* regroupe tout le nécessaire pour assurer le bien-être de bébé lors de vos sorties en plein air : un sac très pratique convertible en tapis à langer, une couverture de poussette réversible carrés/rayures, un bonnet réversible, des chaussettes à torsades en grosse laine et un duffel-coat à double boutonnage.

Les fils à tricoter provenant de ma propre collection ont été choisis pour leur confort et leur aspect pratique. Qu'il s'agisse de cachemire mélangé, de laine mérinos extra-fine ou de coton classique, tous sont lavables en machine et restent très doux pour la peau des bébés.

Ces modèles devraient satisfaire les adeptes du tricot de tous niveaux, mais j'ai voulu qu'ils soient faciles à réaliser, car, en tant que nouveau parent, vous aurez moins de temps à consacrer aux travaux d'aiguille !

bases du tricot

types de fils

Lorsque vous choisissez un fil à tricoter pour réaliser un ouvrage destiné à un enfant ou un nourrisson, vous devez veiller à ce que la fibre soit douce et n'agresse pas sa peau. Les bébés sont incapables de nous signaler un col ou des poignets qui grattent ! Quant aux enfants plus âgés, habitués à la légèreté et à la souplesse du molleton, ils rechignent souvent à porter des vêtements tricotés main sous prétexte d'inconfort.

Pour les modèles de ce livre, j'ai sélectionné un mélange cachemire et mérinos, un pur coton et une laine mérinos extra-fine. Outre le fait qu'ils produisent des étoffes incroyablement douces, tous ces fils à tricoter ont l'avantage d'être lavables en machine.

Si vous envisagez de tricoter un vêtement, tâchez d'utiliser le fil indiqué dans le patron. Chaque modèle a été créé par rapport à un fil spécifique : ainsi, le pull à col châle (voir p. 122) est confectionné avec un fil très doux, encadrant délicatement un visage de bébé, tandis que le sac-tapis à langer (voir p. 136) est fait dans un coton naturel qui lui confère résistance et tenue – avec une fibre plus lâche ou un fil synthétique, le sac serait trop mou. Par ailleurs, un fil de qualité inférieure peut nuire à l'esthétique et à la précision d'un point de tricot subtil.

Certaines circonstances – une allergie à la laine, par exemple – vous obligeront peut-être à remplacer un fil par un autre. Dans ce cas, veillez à ce que le fil de substitution soit équivalent, en termes de poids et de tension, au fil recommandé.

Utiliser un type de fibre différent peut avoir une incidence sur le motif. Ainsi, si vous réalisez un dessin de torsades avec du coton, alors qu'il a été conçu en laine, plus élastique, l'étoffe produite sera plus étroite, ce qui modifiera les dimensions du vêtement.

Vérifiez le métrage. Des pelotes ou des écheveaux de fil de même poids peuvent différer en longueur. Vous serez donc peut-être amenée à en acheter plus ou moins que prévu.

Les fils à tricoter utilisés pour les modèles de ce livre sont les suivants :

Debbie Bliss Alpaca Silk Aran :
80 % alpaga, 20 % soie. Pelote de 50 g/65 m environ.
Debbie Bliss Baby Cashmerino :
55 % laine mérinos, 33 % microfibre, 12 % cachemire. Pelote de 50 g/125 m environ.
Debbie Bliss Cashmerino Aran :
55 % laine mérinos, 33 % microfibre, 12 % cachemire. Pelote de 50 g/90 m environ.
Debbie Bliss Cashmerino Astrakhan :
60 % laine mérinos, 30 % microfibre, 10 % cachemire. Pelote de 50 g/70 m environ.
Debbie Bliss Cashmerino Double Knitting :
55 % laine mérinos, 33 % microfibre, 12 % cachemire. Pelote de 50 g/110 m environ.
Debbie Bliss Cotton Double Knitting :
100 % coton. Pelote de 50 g/84 m environ.
Debbie Bliss Rialto Double Knitting :
100 % laine mérinos extra-fine. Pelote de 50 g/105 m environ.

achat du fil

Les pelotes sont cerclées d'une bande de papier indiquant la tension (échantillon), le n° d'aiguille, le poids, le métrage et, très important, la référence du bain de teinture. Les fils étant teints par lots, ils peuvent présenter des nuances d'un lot à l'autre. Veillez donc à acheter en une fois tout le fil nécessaire, car si vous venez à en manquer, votre détaillant n'aura peut-être plus de pelotes issues du même bain. S'il vous arrive parfois d'utiliser plus de fil que la quantité indiquée, achetez-en davantage. Si vous ne pouvez pas vous procurer uniquement des pelotes provenant du même bain de teinture, réalisez les pièces principales dans une nuance et réservez l'autre aux bordures – la différence sera moins perceptible.

Un conseil : vérifiez que vous possédez toutes les aiguilles nécessaires et achetez celles qui vous manquent en même temps que le fil. Cela vous évitera bien des frustrations une fois rentrée chez vous !

entretien

Les lainages sont des textiles délicats qui requièrent un soin particulier, notamment lorsqu'il s'agit de vêtements de bébé, impliquant des lavages très fréquents.

Reportez-vous aux instructions de la bande de papier de la pelote pour savoir si le fil est lavable en machine (dans ce cas, respectez scrupuleusement la température indiquée) ou s'il convient de le laver à la main.

La plupart des vêtements tricotés main sont à faire sécher à plat, sur un linge absorbant, une serviette éponge par exemple, de sorte qu'ils reprennent leur forme d'origine, surtout après un lavage en machine. Veillez également à les éloigner des radiateurs et autres sources de chaleur directe.

Pour le lavage à la main, utilisez de préférence un produit spécial lainage dilué dans de l'eau tiède (jamais chaude). Pressez délicatement le vêtement, sans le frotter ni le tordre. Rincez abondamment et comprimez doucement pour évacuer l'eau. Ne soulevez jamais un tricot gorgé d'eau, car il risque de se déformer sous le poids du liquide. Enroulez le vêtement dans une serviette éponge pour absorber le restant d'eau, puis faites sécher à plat, comme expliqué plus haut.

techniques

monter les mailles

Dans tout projet de tricot, la première opération consiste à réaliser un rang appelé « rang de montage ».

Il existe différentes méthodes de montage des mailles, à choisir selon le type d'ouvrage à tricoter ou le confort d'exécution. Les deux techniques expliquées ci-après sont les plus courantes. La première s'effectue avec une aiguille et le pouce, la seconde avec deux aiguilles.

Avant tout, vous devez réaliser le nœud coulant formant la première maille.

nœud coulant

1 Enroulez le fil autour des doigts de votre main gauche de manière à former un cercle (voir schéma ci-dessus, à gauche). Avec l'aiguille à tricoter, piquez dans ce cercle, passez sous le fil venant de la pelote et ramenez ce dernier vers vous.

2 Tirez la boucle et serrez le nœud coulant sur l'aiguille à tricoter. Vous pouvez à présent monter vos mailles en suivant l'une ou l'autre des techniques proposées.

monter les mailles

avec une aiguille et le pouce

Cette méthode de montage, qui permet d'obtenir un bord souple, se révélera particulièrement utile lorsque vous emploierez des fils non élastiques, tels que le coton. Le « jeu » ainsi créé offre également davantage de facilité pour les bords à retourner, comme dans le cas du duffel-coat (voir p. 130).

Contrairement à la méthode avec deux aiguilles, c'est l'extrémité libre du fil qui va servir à créer le rang de montage. Vous devez donc prévoir une longueur de fil adaptée au nombre de mailles à monter, car si vous vous retrouvez à court avant la fin du rang, vous devrez recommencer. Mieux vaut laisser trop de fil que pas assez – vous pourrez toujours utiliser le surplus pour les coutures.

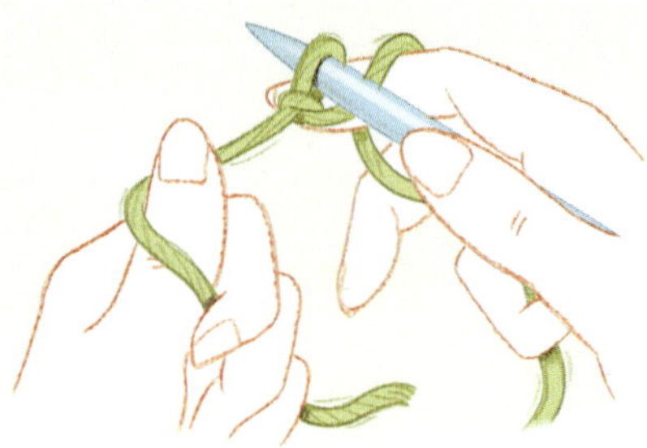

1 Faites un nœud coulant (voir p. 15) en laissant une grande longueur de fil. Tenez l'aiguille de la main droite, le fil de la pelote au-dessus de votre index. Placez l'extrémité libre du fil autour de votre pouce gauche, de l'avant vers l'arrière, et maintenez-la dans votre paume avec les autres doigts.

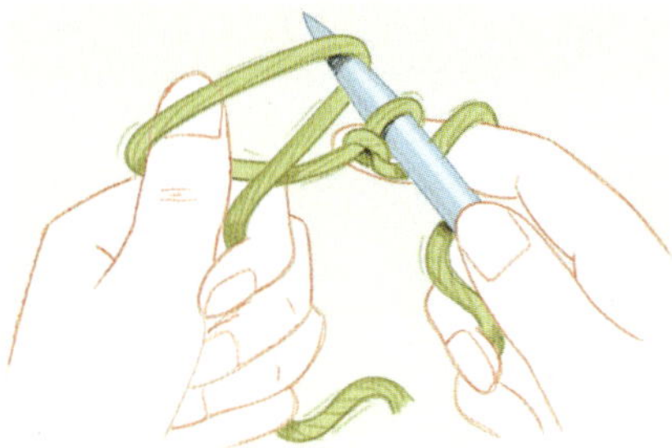

2 Piquez la pointe de l'aiguille vers le haut dans la boucle formée sur votre pouce gauche.

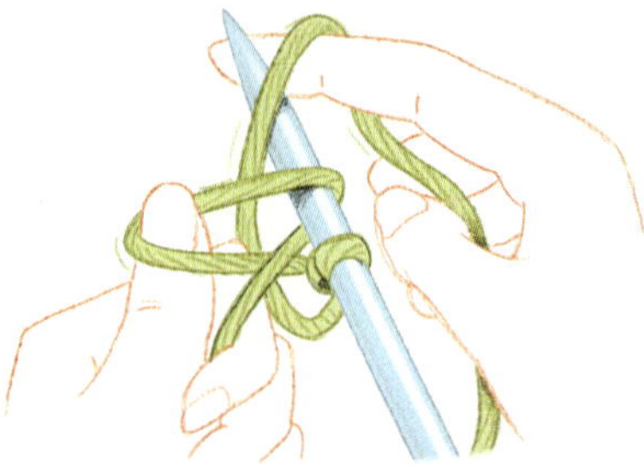

3 Avec votre index droit, enroulez le fil de la pelote autour de la pointe de l'aiguille de bas en haut.

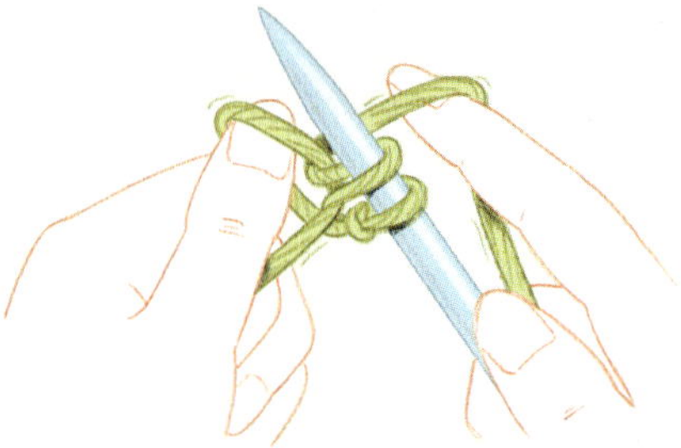

4 Tirez le fil à travers la boucle entourant votre pouce gauche pour former une nouvelle maille sur l'aiguille. Laissez glisser la boucle de votre pouce et tirez sur l'extrémité libre pour serrer la maille. Répétez ces étapes autant de fois qu'il y a de mailles à monter.

avec deux aiguilles

1 Faites un nœud coulant (voir p. 15). Tenez l'aiguille comportant le nœud de la main gauche et piquez l'aiguille droite, de la gauche vers la droite et de l'avant vers l'arrière, dans le nœud. Passez le fil de la pelote par-dessus la pointe de l'aiguille droite (voir schéma).

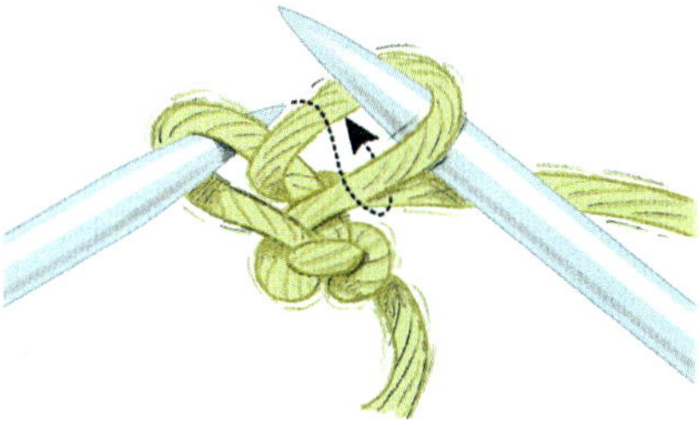

2 Avec l'aiguille droite, tirez la boucle à travers le nœud coulant pour former une nouvelle maille. Sans laisser tomber la maille de l'aiguille gauche, faites glisser la nouvelle maille de l'aiguille droite sur l'aiguille gauche (voir schéma).

Comptant parmi les plus fréquemment utilisés, ce type de montage avec deux aiguilles est idéal pour les bords à côtes, car il leur confère une excellente tenue tout en présentant une certaine élasticité. Vous serez amenée à piquer l'aiguille et à ramener le fil entre les mailles pour former la maille suivante. Vous devez donc veiller à ne pas trop les serrer.

3 Piquez ensuite l'aiguille droite entre les deux mailles situées sur l'aiguille gauche et enroulez le fil autour de la pointe de l'aiguille droite.

4 Ramenez le fil pour créer une nouvelle maille et faites glisser cette dernière sur l'aiguille gauche, comme plus haut. Répétez les étapes 3 et 4 jusqu'à ce que vous ayez monté le bon nombre de mailles.

maille endroit

La maille endroit et la maille envers constituent la base de tous les points de tricot. La maille endroit étant plus facile à maîtriser, c'est par celle-ci que nous allons débuter. Si vous faites uniquement des rangs de mailles endroit, vous créez un point en relief, identique sur l'endroit et l'envers de l'ouvrage, appelé « point mousse ».

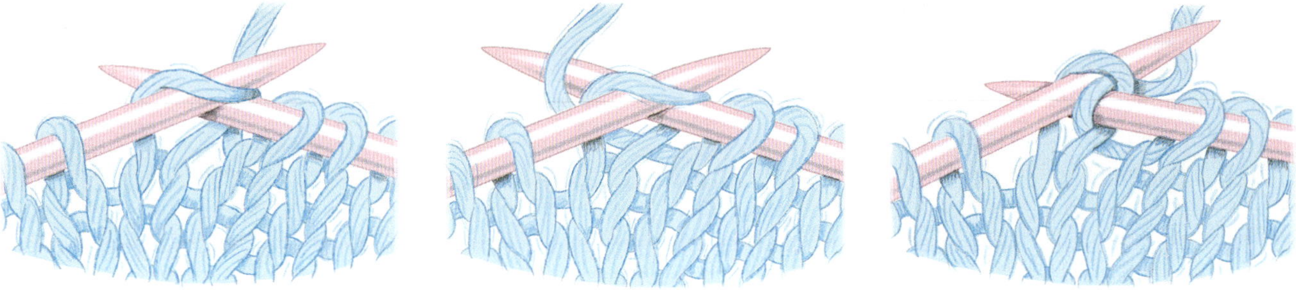

1 Tenez l'aiguille comportant le rang de montage dans votre main gauche et piquez l'aiguille droite, de la gauche vers la droite et de l'avant vers l'arrière, dans la première maille de montage.

2 Avec votre index droit, enroulez le fil de la pelote (le fil de travail) autour de la pointe de l'aiguille droite.

3 Ressortez l'aiguille droite en ramenant le fil à travers la maille (cela forme une nouvelle maille sur l'aiguille droite) et laissez tomber la maille de l'aiguille gauche. Répétez ces étapes jusqu'à ce que toutes les mailles soient tricotées. Vous avez créé un rang de mailles endroit.

maille envers

Passons à présent à la maille envers. En tricotant tous vos rangs à l'envers, vous obtenez également le point mousse. En revanche, si vous alternez un rang de mailles envers et un rang de mailles endroit tout au long de l'ouvrage, vous réalisez le plus utilisé de tous les points de tricot : le point jersey.

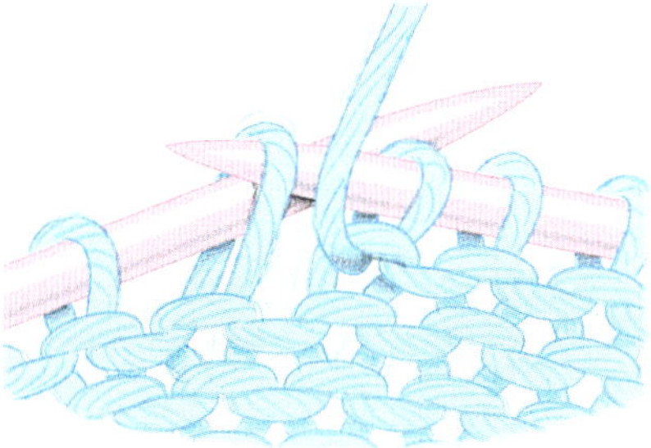

1 Au départ, le fil doit se trouver devant l'ouvrage. Piquez l'aiguille droite, de la droite vers la gauche, dans la première maille de l'aiguille gauche.

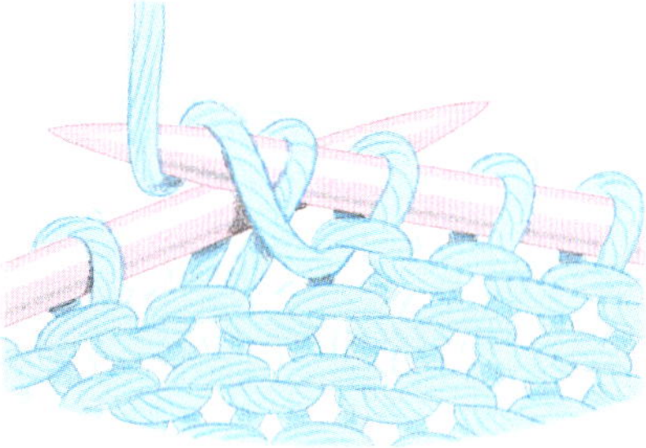

2 Avec votre index droit, enroulez le fil de la pelote (le fil de travail) autour de la pointe de l'aiguille droite.

3 Ressortez l'aiguille droite en ramenant le fil à travers la maille (cela forme une nouvelle maille sur l'aiguille droite) et laissez tomber la maille de l'aiguille gauche. Répétez ces étapes jusqu'à ce que toutes les mailles soient tricotées. Vous avez créé un rang de mailles envers.

augmentations

augmentation dans la même maille

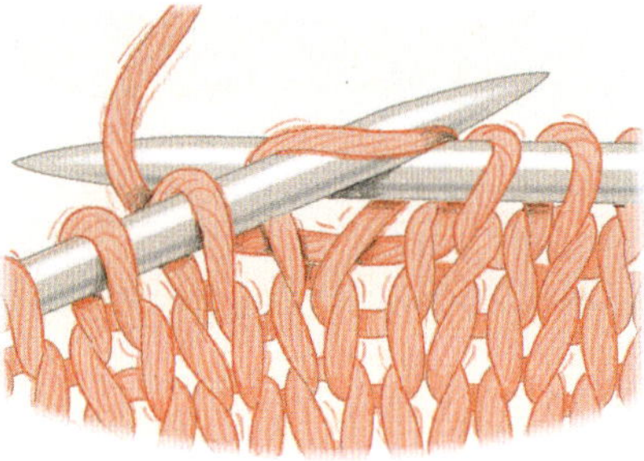

1 Piquez l'aiguille droite dans le brin avant de la maille suivante, puis tricotez la maille à l'endroit en la laissant sur l'aiguille gauche.

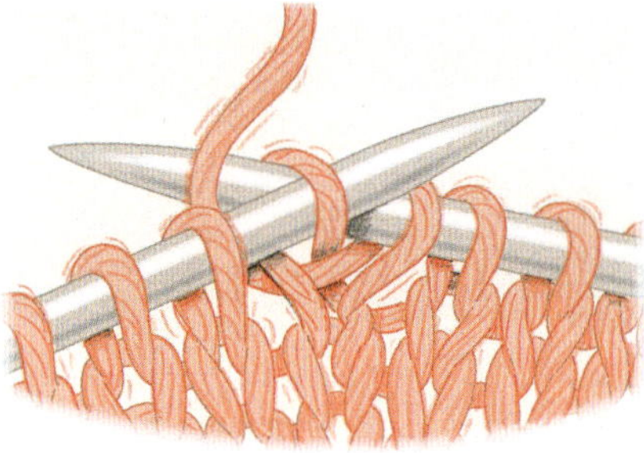

2 Piquez l'aiguille droite dans la même maille en prenant le brin arrière, tricotez la maille à l'endroit puis faites glisser la maille initiale. Vous avez une maille de plus sur l'aiguille droite.

Les augmentations consistent à créer des mailles supplémentaires pour élargir un tricot. On les utilise notamment pour former la partie haute d'une manche ou pour poursuivre le travail après réalisation d'un bord-côte. Certaines augmentations sont invisibles, d'autres, ajoutées en bordure de l'ouvrage, apportent un détail décoratif. Le type d'augmentation à tricoter est généralement précisé dans les explications des patrons.

augmentation intercalaire

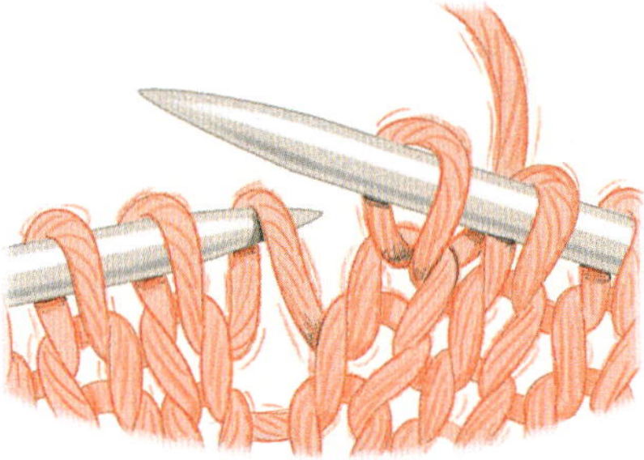

1 Piquez l'aiguille gauche, de l'avant vers l'arrière, sous le fil horizontal tendu entre la dernière maille tricotée de l'aiguille droite et la première maille de l'aiguille gauche.

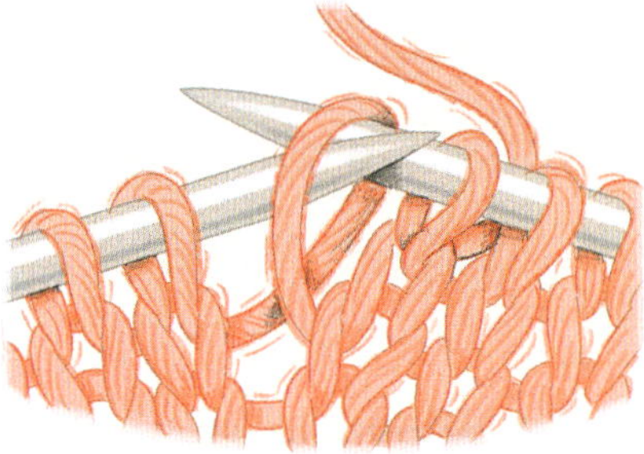

2 Tricotez ce fil comme une maille endroit, mais en piquant dans le brin arrière de la boucle (le fil se croise et crée une maille torse, évitant la formation d'un trou). Laissez tomber le fil de l'aiguille gauche. Une nouvelle maille a été créée sur l'aiguille droite.

augmentation par jeté

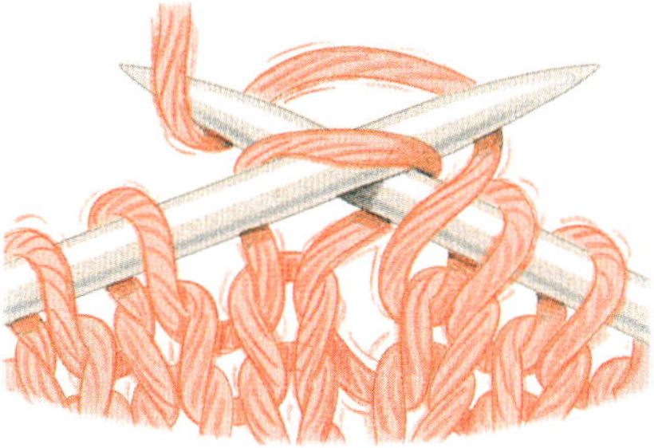

entre deux mailles endroit
Ramenez le fil devant entre les deux aiguilles, de l'arrière vers l'avant de l'ouvrage. Passez le fil par-dessus l'aiguille droite, puis tricotez la maille suivante à l'endroit.

entre deux mailles envers
Faites passer le fil par-dessus l'aiguille droite vers l'arrière, puis entre les deux aiguilles vers l'avant. Tricotez la maille suivante à l'envers.

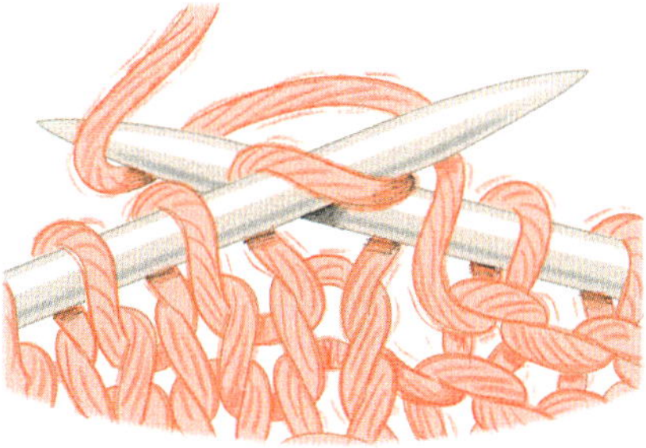

entre une maille envers et une maille endroit
Faites passer le fil de l'avant vers l'arrière, par-dessus l'aiguille droite, puis tricotez la maille suivante à l'endroit.

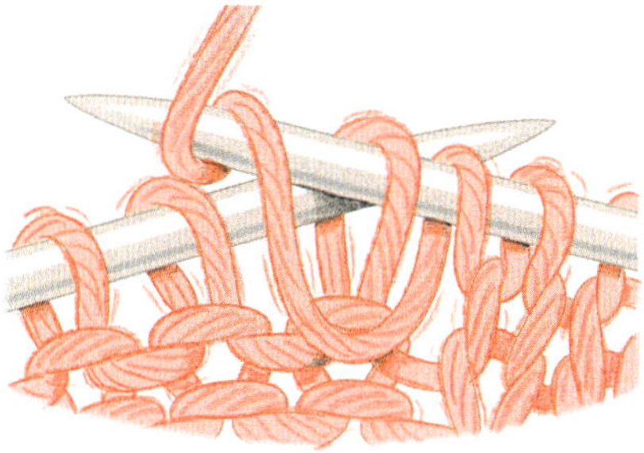

entre une maille endroit et une maille envers
Ramenez le fil devant entre les deux aiguilles, de l'arrière vers l'avant de l'ouvrage, et refaites-le passer derrière, par-dessus l'aiguille droite, puis à nouveau devant, entre les aiguilles. Tricotez la maille suivante à l'envers.

rabattre les mailles

Cette opération sert à arrêter un ouvrage afin que les mailles ne se détricotent pas lorsque vous retirez l'aiguille. Elle permet également de réaliser des diminutions de plusieurs mailles à la fois, pour former les emmanchures, les encolures et les boutonnières, par exemple. Les terminaisons doivent être solides mais souples. Sauf indication contraire, rabattez les mailles comme elles se présentent dans le point.

rabattre une maille endroit

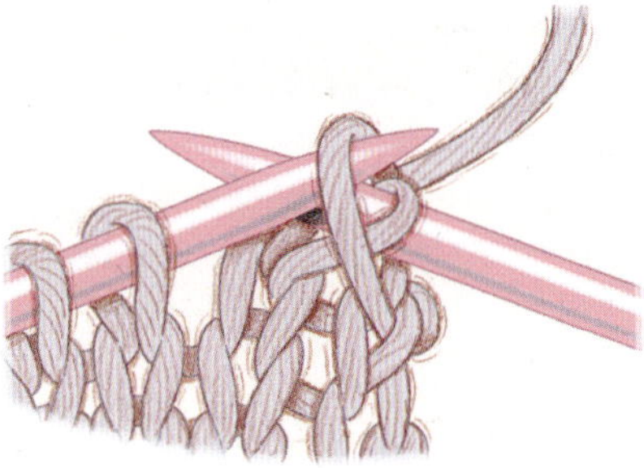

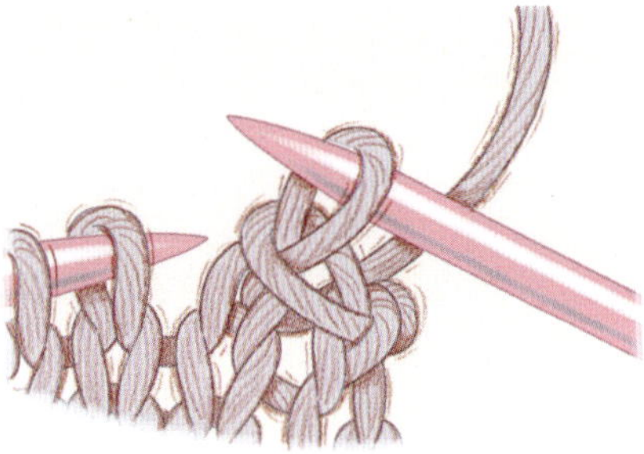

1 Tricotez deux mailles à l'endroit. Piquez l'aiguille gauche dans la première maille tricotée (la plus à droite des deux sur l'aiguille droite), faites-la passer par-dessus la seconde et laissez-la tomber.

2 Il ne reste plus qu'une maille sur l'aiguille droite. Tricotez la maille suivante à l'endroit. Répétez l'étape 1 jusqu'à ce que toutes les mailles soient rabattues. Tirez le fil à travers la dernière maille pour l'arrêter.

rabattre une maille envers

1 Tricotez deux mailles à l'envers. Piquez l'aiguille gauche dans le brin arrière de la première maille tricotée (la plus à droite sur l'aiguille droite), faites-la passer par-dessus la seconde et laissez-la tomber.

2 Il ne reste plus qu'une maille sur l'aiguille droite. Tricotez la maille suivante à l'envers. Répétez l'étape 1 jusqu'à ce que toutes les mailles soient rabattues. Tirez le fil à travers la dernière maille pour l'arrêter.

diminutions

Les diminutions consistent à supprimer des mailles pour réduire la dimension de l'ouvrage. Elles servent, par exemple, à former une ouverture ou une épaule. Elles peuvent également avoir un rôle décoratif, au niveau de l'encolure notamment. Combiner les augmentations et les diminutions permet de créer des motifs ajourés.

tric 2 m ens end

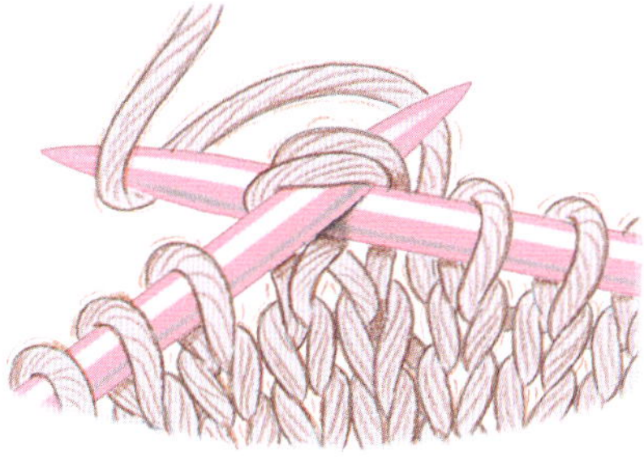

tricoter deux mailles ens. à l'endroit
Sur un rang endroit, piquez l'aiguille droite, de gauche à droite, dans les deux mailles suivantes de l'aiguille gauche et tricotez-les ensemble à l'endroit. Le rang est diminué d'une maille (dim 1 m).

tric 2 m ens env

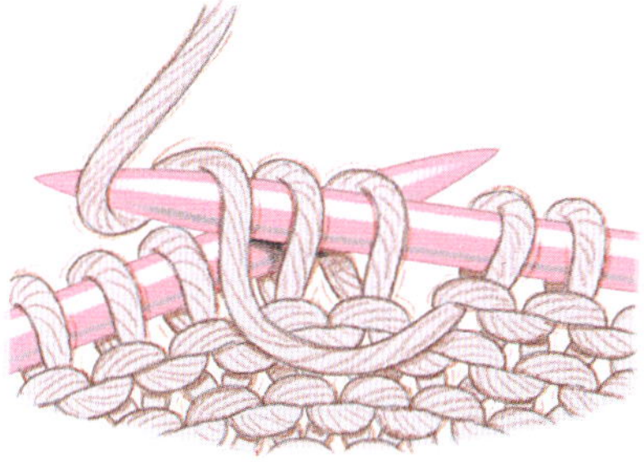

tricoter deux mailles ens. à l'envers
Sur un rang envers, piquez l'aiguille droite, de droite à gauche, dans les deux mailles suivantes de l'aiguille gauche et tricotez-les ensemble à l'envers. Le rang est diminué d'une maille (dim 1 m).

surjet simple (ss)

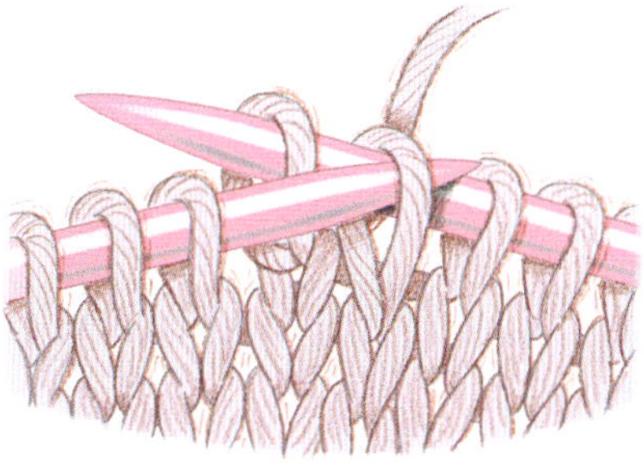

ou diminution avec maille glissée
1 Piquez l'aiguille droite dans la maille suivante de l'aiguille gauche et faites-la glisser sur l'aiguille droite sans la tricoter. Tricotez la maille suivante à l'endroit. Piquez l'aiguille gauche dans la maille glissée (voir schéma).

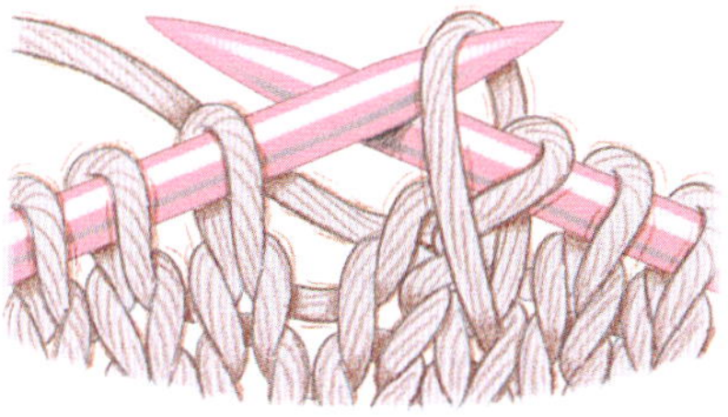

2 Faites passer la maille glissée par-dessus la maille tricotée (voir schéma), puis laissez-la tomber de l'aiguille droite.

lecture des explications

Si vous débutez en tricot, les explications des modèles vous sembleront, dans un premier temps, bien mystérieuses ! Mais une fois familiarisée avec la terminologie et les abréviations employées, vous comprendrez leur logique.

Ne soyez pas inquiète si, après avoir lu les explications d'un modèle, vous avez des difficultés à en interpréter certaines parties : les instructions prennent souvent tout leur sens lorsque l'on visualise les mailles sur les aiguilles et que l'on atteint l'étape problématique. Si vous doutez de votre aptitude à tricoter un modèle donné, demandez conseil à votre détaillant.

Les chiffres entre parenthèses ( ) correspondent aux tailles supérieures. Lorsqu'un seul chiffre est indiqué, celui-ci est valable pour toutes les tailles. « 0 » signifie qu'aucune maille, ou aucun rang, ne doit être tricotée pour la taille associée. Les instructions entre crochets [ ] sont à effectuer autant de fois que spécifié après les crochets.

Lorsque les explications sont données pour plusieurs tailles, vous pouvez entourer ou surligner les chiffres correspondant à la vôtre pour éviter de vous tromper dans le nombre de mailles ou de rangs à exécuter.

Avant de commencer un projet, vérifiez le rapport entre la taille du vêtement et les mesures (voir pp. 140-143). Vous devrez peut-être procéder à des ajustements en fonction des mensurations du bébé.

La quantité de fil recommandée n'est donnée qu'à titre indicatif. Elle est basée sur la quantité de fil utilisée par la personne ayant tricoté le modèle du vêtement. Or, tout le monde ne tricote pas avec la même tension. Vous devrez donc peut-être entamer une pelote supplémentaire pour achever le vêtement ou, à l'inverse, il se peut qu'il vous reste plus de fil que prévu.

tension

Chaque modèle de tricot précise la tension à laquelle vous devez tricoter, c'est-à-dire le nombre de mailles et de rangs que vous devez obtenir sur un carré de 10 x 10 cm en utilisant le fil, le numéro d'aiguille et le point de tricot indiqués. Il est capital de réaliser un échantillon avant de débuter un projet, car même une légère différence de tension peut modifier considérablement les dimensions et l'apparence finale du vêtement – trop lâche, il se déformera, trop serré, il manquera de souplesse.

Réaliser un échantillon

Tricotez un carré d'au moins 13 cm de côté en utilisant le fil, les aiguilles et le point spécifiés. Posez-le bien à plat, sans l'étirer. À l'aide d'une règle ou d'un mètre ruban placé horizontalement au milieu (jamais au bord) de l'échantillon, mesurez un segment de 10 cm et délimitez-le par deux épingles. Comptez le nombre de mailles entre les épingles. Procédez de même, verticalement, pour compter le nombre de rangs. Comparez vos résultats avec les instructions. Si vous avez obtenu plus de mailles et de rangs, c'est que vous tricotez trop serré : prenez des aiguilles plus grosses et refaites un échantillon. Au contraire, si votre échantillon comporte moins de mailles et de rangs que celui du patron, cela signifie que vous tricotez trop lâche et que vous devez réessayer avec des aiguilles plus fines. Dans les patrons, la longueur est souvent exprimée en centimètres ; vous pouvez donc tricoter plus ou moins de rangs selon leur tension. Pour la largeur en revanche, c'est le nombre de mailles qui est indiqué. Il est donc indispensable que leur tension soit conforme aux instructions.

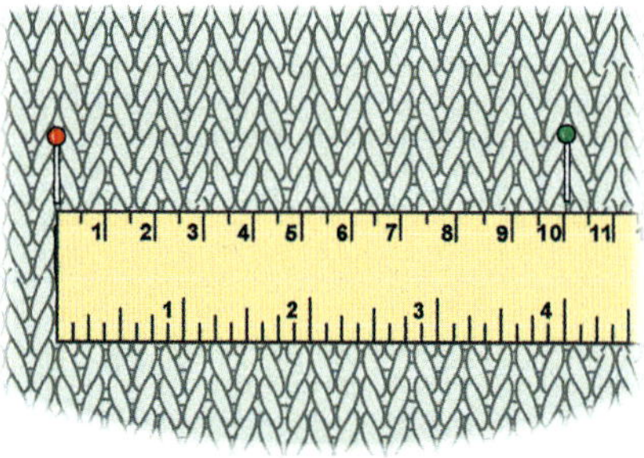

abréviations

Dans les revues de tricot, la signification des abréviations communes à tous les modèles est fournie au début du cahier explicatif des patrons, et les abréviations spécifiques précèdent les instructions du modèle concerné. Les abréviations communes utilisées ici sont les suivantes :

aig = aiguille(s)
aj 1 m = ajouter une maille en faisant une augmentation intercalaire (voir p. 20)
aug = augmenter/augmentation(s)
ch = chaque
comm = commencer
cont = continuer
dern = dernier(s)/dernière(s)
dim = diminuer/diminution(s)
end = endroit
ens = ensemble
env = envers
fs = fois
glis = glisser/glissée(s)
m = maille(s)
pel = pelote(s)
pt(s) = point(s)
rab = rabattre
rép = répéter/répétition(s)
rest = restant(e)(s)
rg(s) = rang(s)
ss = surjet simple (voir p. 23)
suiv = suivant(e)(s)
term = terminer
trav = travail(ler)
tric = tricoter

torsades

Pour créer des torsades, il suffit de croiser une suite de mailles par-dessus une autre. On utilise une aiguille courte à deux pointes pour mettre un certain nombre de mailles en attente, devant ou derrière l'ouvrage, le temps de tricoter normalement le même nombre de mailles. Les torsades simples, travaillées sur quatre ou six mailles, forment un motif de corde en jersey endroit sur fond de jersey envers.

torsade croisée derrière l'ouvrage

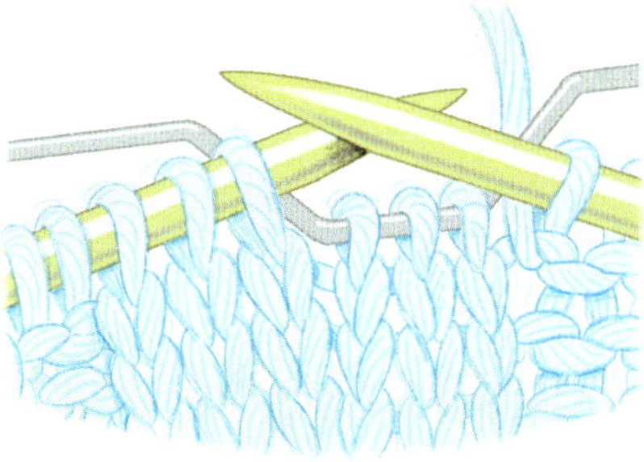

1 Faites glisser les trois premières mailles de la torsade de l'aiguille gauche sur l'aiguille auxiliaire placée derrière l'ouvrage. Tricotez à l'endroit les trois mailles suivantes de l'aiguille gauche, en gardant le fil tendu pour éviter de créer des trous dans le tricot.

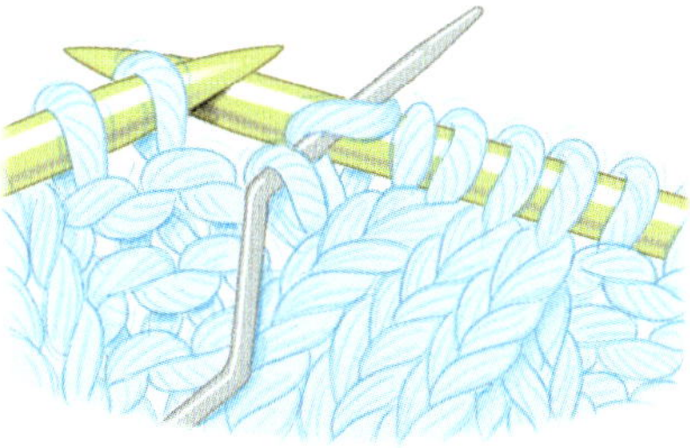

2 Tricotez à l'endroit les trois mailles mises en attente sur l'aiguille auxiliaire (vous pouvez également les refaire passer sur l'aiguille gauche avant de les tricoter). Vous obtenez un croisement à droite.

torsade croisée devant l'ouvrage

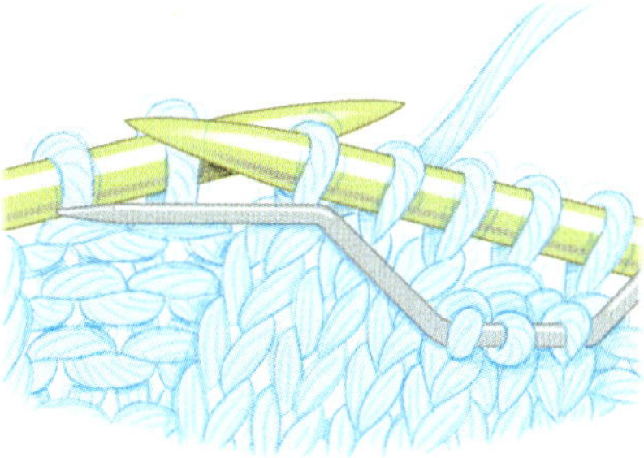

1 Faites glisser les trois premières mailles de la torsade de l'aiguille gauche sur l'aiguille auxiliaire placée devant l'ouvrage. Tricotez à l'endroit les trois mailles suivantes de l'aiguille gauche, en gardant le fil tendu pour éviter de créer des trous dans le tricot.

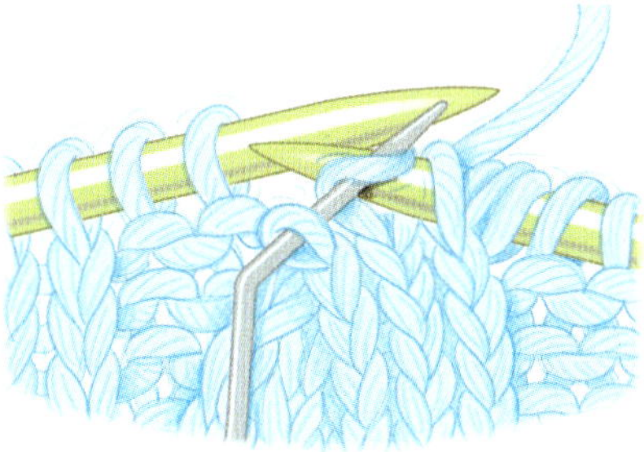

Tricotez à l'endroit les trois mailles mises en attente sur l'aiguille auxiliaire (vous pouvez également les refaire passer sur l'aiguille gauche avant de les tricoter). Vous obtenez un croisement à gauche.

intarsia

L'intarsia sert à tricoter de vastes zones de couleur ou des motifs isolés. Certaines techniques de jacquard impliquent que l'on tisse ou que l'on fasse suivre derrière l'ouvrage les fils qui ne travaillent pas. Dans le cas de l'intarsia, pour éviter que ces fils ne se voient sur l'endroit ou ne s'amassent sur l'envers, on utilise, pour chaque zone de couleur, des pelotons ou des fils distincts que l'on croise afin de ne pas créer de trous.

verticalement

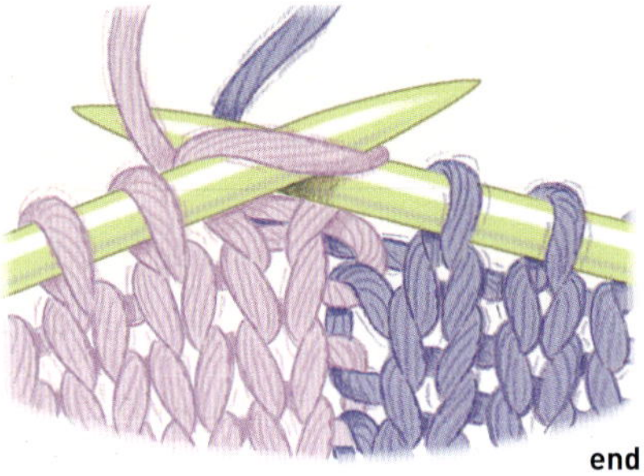

end

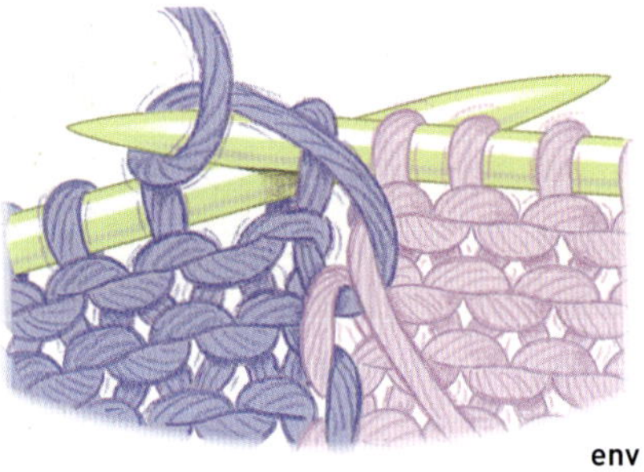

env

changer de couleur sur une ligne verticale
Lâchez le fil en cours de travail sur un rang endroit, prenez le fil de l'autre couleur, enroulez-le autour du premier (voir schéma) et poursuivez le travail avec le second fil. Croisez les fils de cette manière sur les rangs endroit et envers, à chaque changement de couleur.

en diagonale, à droite

end

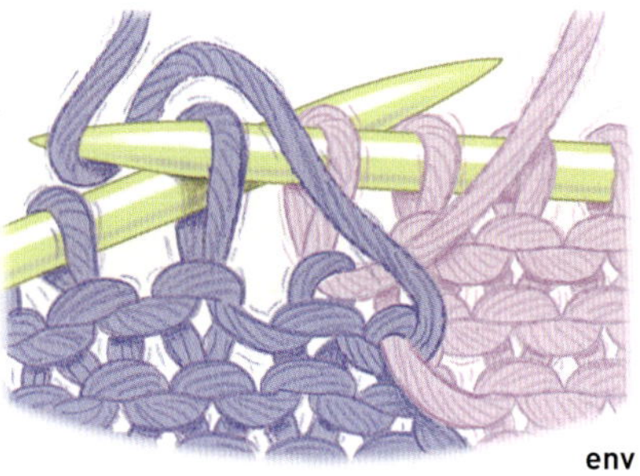

env

changer de couleur sur une diagonale montant vers la droite
Lâchez le fil en cours de travail sur un rang endroit, prenez le fil de l'autre couleur, enroulez-le autour du premier (voir schéma) et poursuivez le travail avec le second fil. Croisez les fils de cette manière uniquement aux changements de couleur intervenant sur les rangs endroit.

en diagonale, à gauche

end

env

changer de couleur sur une diagonale montant vers la gauche
Lâchez le fil en cours de travail sur un rang envers, prenez le fil de l'autre couleur, enroulez-le autour du premier (voir schéma) et poursuivez le travail avec le second fil. Croisez les fils de cette manière uniquement aux changements de couleur intervenant sur les rangs envers.

lecture des grilles

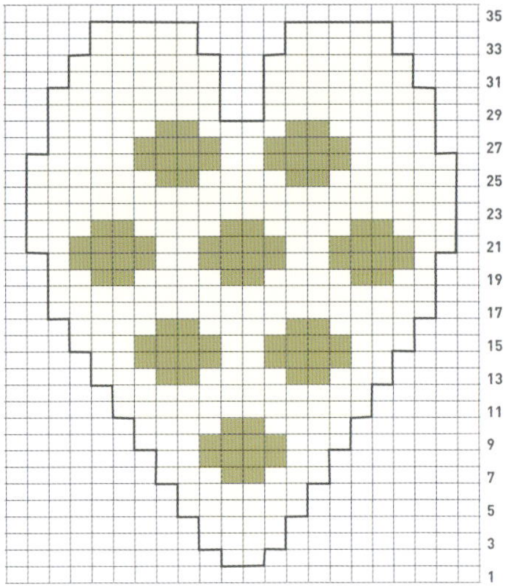

A écru   C vert lime

Dans les patrons, les motifs multicolores sont généralement expliqués au moyen d'une grille (accompagnée d'une légende), dans laquelle chaque case représente une maille et chaque ligne un rang. Les coloris des fils sont indiqués par des symboles ou des couleurs.

Sauf indication contraire, la première ligne de la grille se lit et s'exécute de droite à gauche, et forme le premier rang du tricot, côté endroit. La deuxième ligne de la grille, à lire de gauche à droite, correspond au deuxième rang de l'ouvrage, côté envers.

Si le dessin se répète, comme dans le cas des motifs Fair Isle, la grille précise le nombre de mailles composant chaque répétition. Vous reproduirez ces mailles autant de fois que nécessaire. Les mailles situées de part et d'autre de la répétition sont les mailles lisières. Elles se tricotent uniquement en début et en fin de rang, et indiquent où commencer et terminer la pièce en cours. La plupart de ces motifs se font au point jersey.

jacquard à fils tirés

Cette technique s'utilise essentiellement pour les motifs comportant peu de mailles et proches les uns des autres. Elle consiste à laisser pendre le fil qui ne travaille pas derrière l'ouvrage, puis à le reprendre une fois les mailles de l'autre couleur réalisées. Les fils qui courent ainsi sur l'envers sont appelés les « flottés ». Ils ne doivent pas être trop tendus, sinon le tricot aura tendance à froncer. Veillez également à bien les croiser pour ne pas qu'ils s'emmêlent.

sur un rang endroit

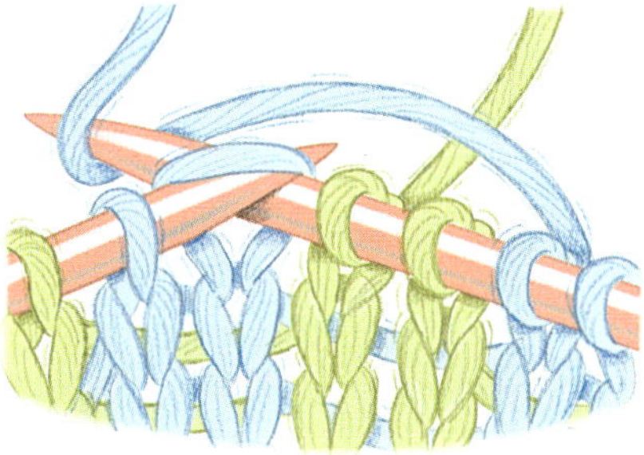

1 Pour changer de couleur, lâchez le fil en cours de travail, prenez le fil de l'autre couleur, faites-le passer par-dessus le premier et tricotez à l'endroit avec le nouveau fil.

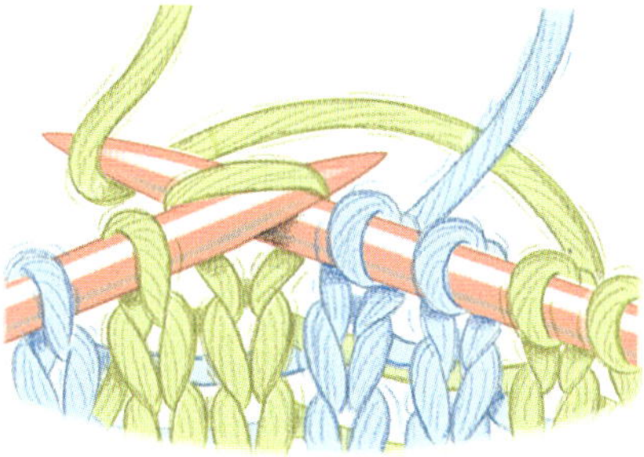

2 Pour revenir à la première couleur, lâchez le fil en cours de travail, reprenez le fil mis en attente, faites-le passer sous l'autre fil et tricotez à l'endroit jusqu'au changement suivant.

sur un rang envers

1 Pour changer de couleur, lâchez le fil en cours de travail, prenez le fil de l'autre couleur, faites-le passer par-dessus le premier et tricotez à l'envers avec le nouveau fil.

2 Pour revenir à la première couleur, lâchez le fil en cours de travail, reprenez le fil mis en attente, faites-le passer sous l'autre fil et tricotez à l'envers jusqu'au changement suivant.

assemblage

Une fois toutes les pièces du modèle achevées, vous devez les assembler. Cette étape est capitale, car l'apparence finale d'un vêtement tricoté dépend pour beaucoup de la manière dont il est cousu. Parmi les différentes techniques existantes, l'assemblage au point d'échelle (ou de matelas) est idéal, car il permet d'obtenir des coutures invisibles sur les points jersey, de côtes, mousse et de riz.

Pour assembler les pièces de mes tricots, j'ai le plus souvent recours à la couture invisible. Adaptée à tout type de fil, elle est très discrète, parfaitement régulière, et n'entraîne aucun décalage. Autre avantage : il est inutile d'épingler au préalable les pièces entre elles. Une couture invisible s'effectue toujours sur l'endroit de l'ouvrage, ce qui s'avère très pratique pour les rayures et les motifs Fair Isle.

Bien que je les emploie moins fréquemment, les autres techniques d'assemblage ont aussi leur utilité. Ainsi, la couture au point arrière se révèle des plus efficaces pour coudre les têtes de manches sur les emmanchures ou pour arrêter les nombreux fils présents le long des lisières des pièces à motifs multicolores. Lorsque vous utilisez le point arrière pour assembler un tricot, veillez à toujours travailler en ligne droite.

La méthode du grafting sur deux bords rabattus se prête bien à la couture des épaules, tandis que le grafting sur lisière (qui consiste à coudre un bord rabattu contre une lisière) est généralement réservé aux emmanchures droites (« tube »). Lorsque vous montez les mailles, laissez une grande longueur de fil en prévision de l'assemblage : ainsi, le fil nécessaire à la couture sera déjà rattaché à l'ouvrage. Si cela n'est pas possible, nouez le fil de couture en gardant une certaine longueur du côté non utilisé, que vous rentrerez ultérieurement dans le tricot. Pour éviter de séparer les fibres des mailles, réalisez toutes les coutures avec une grosse aiguille à bout rond de type aiguille à laine ou à tapisserie.

Avant d'effectuer les coutures latérales, faites celles des épaules et fermez les manches (sauf s'il s'agit de manches montées). Si le vêtement comporte des éléments décoratifs, comme des broderies ou des poches appliquées, mettez-les en place à ce stade, tant que vous pouvez étaler le tricot bien à plat.

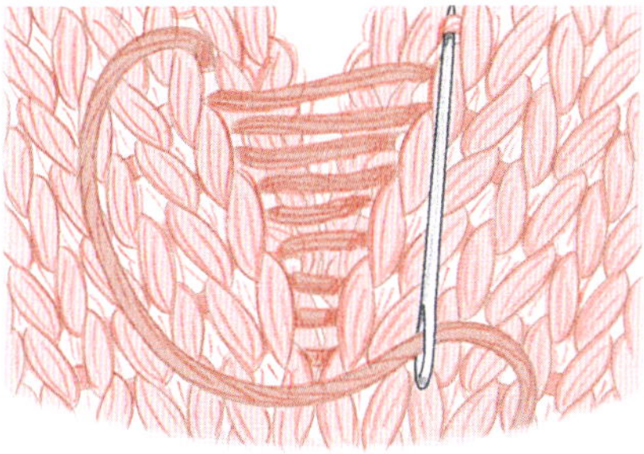

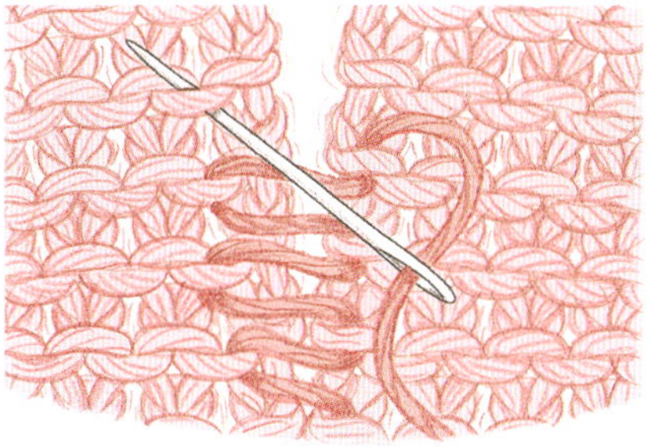

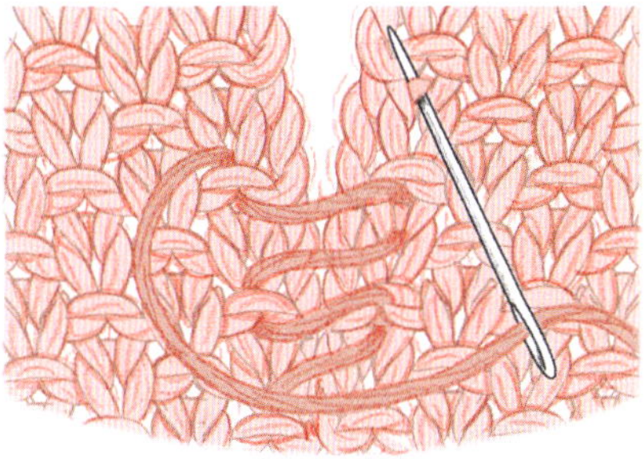

couture invisible sur point jersey et côtes 2/2
Les deux pièces bord à bord, côté endroit face à vous, passez l'aiguille sous le fil horizontal entre la première et la deuxième maille d'une des pièces, puis sous le fil correspondant de l'autre pièce. Continuez ainsi en tirant le fil de temps à autre pour rapprocher les bords.

couture invisible sur point mousse
Les deux pièces bord à bord, côté endroit face à vous, piquez l'aiguille dans le bas du « nœud » situé en bordure, puis dans le haut du « nœud » correspondant de la bordure opposée. Continuez ainsi en tirant le fil de temps à autre pour rapprocher les bords.

couture invisible sur point de riz
Les deux pièces bord à bord, côté endroit face à vous, passez l'aiguille sous le fil horizontal entre la première et la deuxième maille d'une des pièces, puis dans le haut du « nœud » situé en bordure de l'autre pièce.

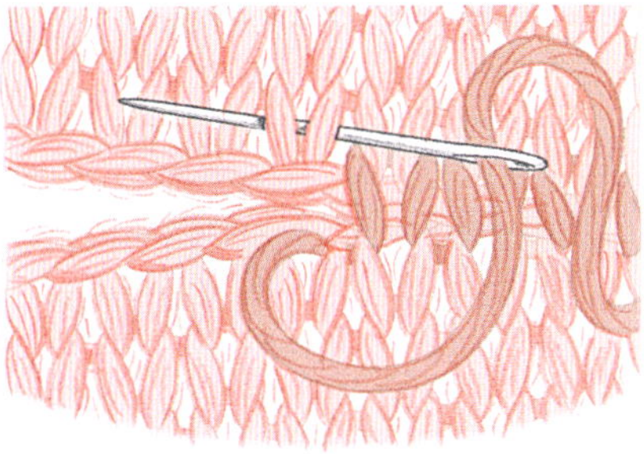

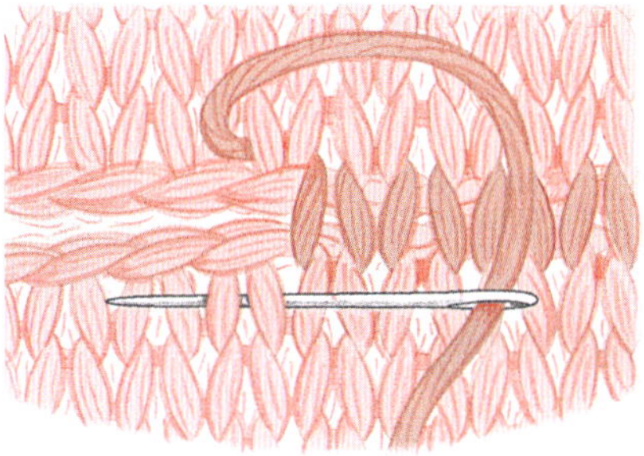

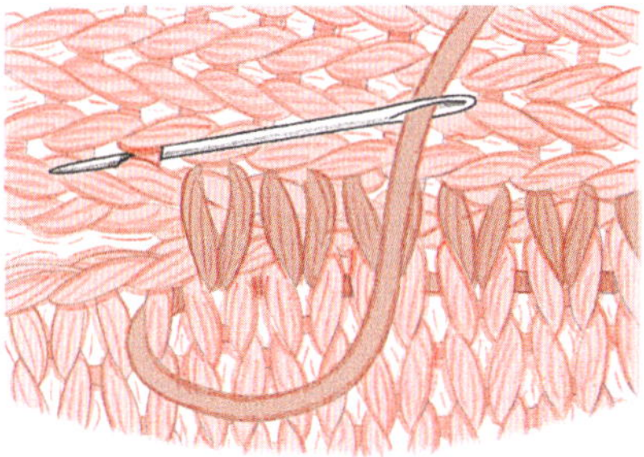

grafting sur deux bords rabattus
1 Les deux pièces bord à bord, faites sortir l'aiguille par la première maille située juste au-dessous du bord rabattu d'une des pièces. Piquez ensuite dans la première maille de l'autre pièce et ressortez par la maille suivante.

2 Piquez l'aiguille dans la première maille de la première pièce et faites-la ressortir par la maille suivante. Continuez ainsi tout le long de la couture.

grafting sur lisière
Piquez l'aiguille de l'arrière vers l'avant dans la première maille du bord rabattu. Passez sous le fil (ou les deux fils) reliant horizontalement la première et la deuxième maille de la lisière, puis ressortez par la maille du bord rabattu précédemment traversée. Continuez ainsi tout le long de la couture.

relever les mailles

Relever des mailles arrêtées consiste à les reprendre sur une aiguille pour pouvoir continuer l'ouvrage, notamment pour ajouter un col, des poignets ou des pattes de boutonnage. Bien sûr, vous pouvez coudre ces éléments de bordure, mais la méthode des mailles relevées est plus esthétique. Utilisez une aiguille circulaire si le rang est très long. En général, le nombre de mailles à relever est précisé dans les explications.

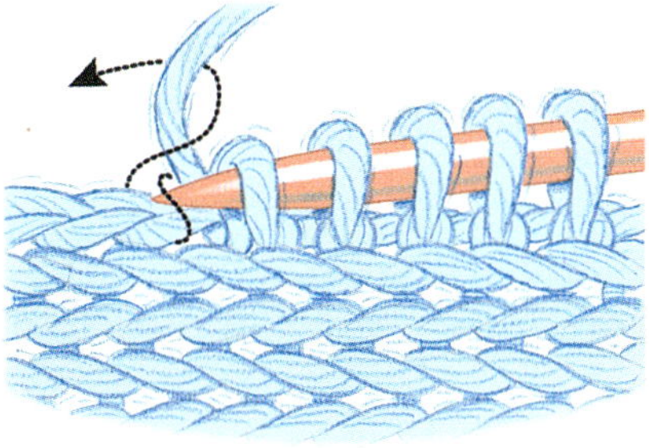

sur une lisière
Endroit de l'ouvrage face à vous, piquez l'aiguille à tricoter de l'avant vers l'arrière entre la première et la deuxième maille du premier rang. Enroulez le fil autour de l'aiguille et tirez une boucle pour former une nouvelle maille sur l'aiguille. Répétez l'opération jusqu'à la fin du rang.

sur une encolure
Le long des bords droits, procédez comme pour une lisière. Le long des bords arrondis, piquez l'aiguille dans la maille située au-dessous de la lisière (pour éviter les trous) et tirez une boucle pour former une nouvelle maille sur l'aiguille.

Ensemble brassière-pantalon Premier manteau
Cadre maisonnette Nid d'ange Châle ajouré
Mouton en peluche

bienvenue

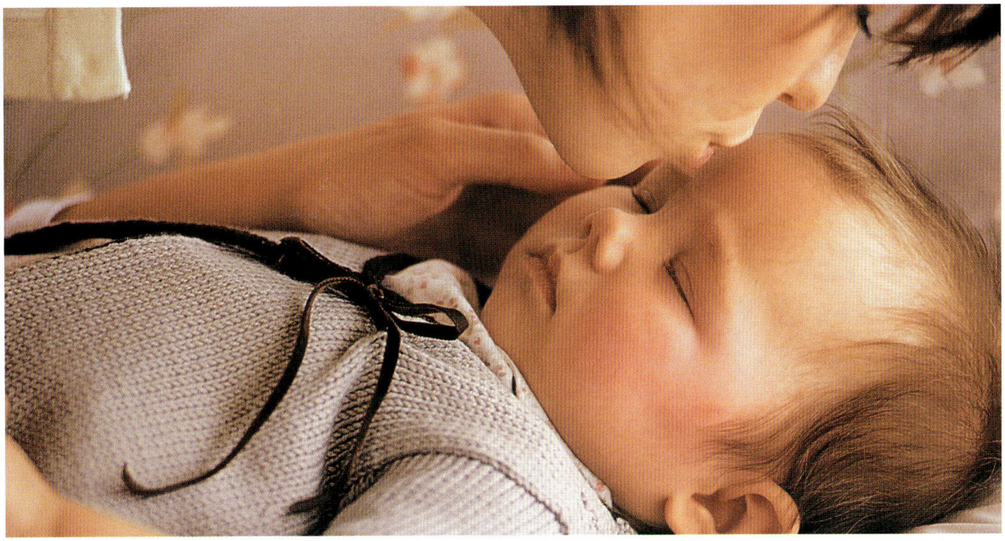

brassière croisée

tailles

0 – 3 (3 – 6/6 – 9/9 – 12) mois

mesures du vêtement fini

Tour de poitrine : 42 (46/50/54) cm

Longueur depuis l'épaule : 26 (28/30/32) cm

Longueur de manche : 12 (13/14/16) cm

fournitures

2 (3/3/3) pel de 50 g de Debbie Bliss Baby Cashmerino en lilas (M) + une petite quantité en chocolat (C)

2 aig n° 3 et 2 aig n° 3 1/4

60 cm de ruban (largeur 7 mm)

1 petit bouton

échantillon

Un carré de 10 cm de côté, en jersey end, aig n° 3 1/4 = 25 m et 34 rgs.

abréviations

Voir page 25.

dos

Aig n° 3 et C, monter 65 (70/75/80) m.
Tric 1 rg end.
Prendre aig n° 3 1/4 et M.
Tric en jersey end en comm par 1 rg end.
Faire 6 (8/10/10) rgs.
Rg de dim (end du trav) 8 m end, 1 ss, tric end jusqu'aux 10 dern m, 2 m ens end, 8 m end.
Faire 9 (9/9/11) rgs.
Rép les 10 (10/10/12) dern rgs 3 autres fs et de nouveau le rg de dim. **55 (60/65/70) m.**
Cont droit jusqu'à ce que la pièce mesure 17 (18/20/21) cm depuis le rg de montage, en term par 1 rg env.

Emmanchures

Rab 6 m au début des 2 rgs suiv. **43 (48/53/58) m.**
Cont droit jusqu'à ce que la pièce mesure 26 (28/30/32) cm depuis le rg de montage, en term par 1 rg env.

Épaules

Rab 5 (6/7/8) m au début des 4 rgs suiv.
Mettre les 23 (24/25/26) m rest en attente sur un arrêt de m.

devant gauche

Aig n° 3 et C, monter 44 (47/50/53) m. Tric 1 rg end.
Prendre aig n° 3 1/4 et M. Tric en jersey end en comm par 1 rg end. Faire 6 (8/10/10) rgs.
Rg de dim (end du trav) 8 m end, 1 ss, tric end jusqu'à la fin.
Faire 9 (9/9/11) rgs.
Rép les 10 (10/10/12) dern rgs 3 autres fs et de nouveau le rg de dim. **39 (42/45/48) m.**
Cont droit jusqu'à ce que la pièce mesure 17 (18/20/21) cm depuis le rg de montage, en term par 1 rg env.

Emmanchure

Rab 6 m au début du rg suiv. **33 (36/39/42) m.**
Rg suiv Tout à l'env.
Rg de boutonnière À l'end jusqu'aux 4 dern m, 1 jeté, 2 m ens end, 2 m end.
Rg suiv Tout à l'env.
Rg suiv Tout à l'end.

Encolure

Rg suiv (env du trav) Rab 5 (6/7/8) m, tric env jusqu'à la fin. **28 (30/32/34) m.**
Tric 1 rg end.
Rg suiv Rab 5 m, tric env jusqu'à la fin.
Tric 1 rg end.
Rg suiv Rab 3 m, tric env jusqu'à la fin. **20 (22/24/26) m.**
Rg suiv Tric end jusqu'aux 2 dern m, 2 m ens end.
Cont à dim 1 m du côté encolure sur tous les rgs end suiv jusqu'à ce qu'il reste 10 (12/14/16) m.
Cont droit jusqu'à ce que la longueur du devant = celle du dos depuis l'épaule, en term côté emmanchure.

Épaule

Rab 5 (6/7/8) m au début du rg suiv.
Faire 1 rg.
Rab les 5 (6/7/8) m rest.

devant droit

Aig n° 3 et C, monter 44 (47/50/53) m.
Tric 1 rg end.
Prendre aig n° 3 1/4 et M.
Tric en jersey end en comm par 1 rg end.
Faire 6 (8/10/10) rgs.
Rg de dim (end du trav) Tric end jusqu'aux 10 dern m, 2 m ens end, 8 m end.
Faire 9 (9/9/11) rgs.
Rép les 10 (10/10/12) dern rgs 3 autres fs et de nouveau le rg de dim. **39 (42/45/48) m.**
Cont droit jusqu'à ce que la pièce mesure 17 (18/20/21) cm depuis le rg de montage, en term par 1 rg end.

Emmanchure

Rab 6 m au début du rg suiv. **33 (36/39/42) m.**
Tric droit pendant 4 rgs.

Encolure

Rg suiv (end du trav) Rab 5 (6/7/8) m, tric end jusqu'à la fin. **28 (30/32/34) m.**
Tric 1 rg env.
Rg suiv Rab 5 m, tric end jusqu'à la fin.
Tric 1 rg env.
Rg suiv Rab 3 m, tric end jusqu'à la fin. **20 (22/24/26) m.**
Tric 1 rg env.
Rg suiv 1 ss, tric end jusqu'à la fin.
Cont à dim 1 m du côté encolure sur tous les rgs end suiv jusqu'à ce qu'il reste 10 (12/14/16) m.
Cont droit jusqu'à ce que la longueur du devant = celle du dos depuis l'épaule, en term côté emmanchure.

Épaule

Rab 5 (6/7/8) m au début du rg suiv.
Faire 1 rg.
Rab les 5 (6/7/8) m rest.

manche
(en faire 2)

Aig n° 3 et C, monter 35 (38/38/41) m.
Tric 1 rg end.
Prendre aig n° 3 1/4 et M.
Tric en jersey end en comm par 1 rg end et aug 1 m de ch côté du 5e rg, puis tous les 6 rgs jusqu'à obtenir 45 (50/50/55) m.
Cont droit jusqu'à ce que la pièce mesure 12 (13/14/16) cm depuis le rg de montage, en term par 1 rg env.
Marquer ch extrémité du dern rg d'un fil de couleur.
Tric encore 2 cm, en term par 1 rg env.
Rabattre.

patte de boutonnage

Aig n° 3 et M, monter 15 (17/19/21) m.
Tric 1 rg end.
Rabattre.

bordure devant droit

Sur l'end du trav, aig n° 3 et C, relever et tric end 53 (55/61/63) m régulièrement le long de la bordure.
Tric 1 rg end.
Rabattre.

bordure devant gauche

Sur l'end du trav, aig n° 3 et C, relever et tric end 53 (55/61/63) m régulièrement le long de la bordure.
Tric 1 rg end.
Rabattre.

bordure d'encolure

Coudre les épaules.
Sur l'end du trav, aig n° 3 et C, relever et tric end 1 m à l'extrémité des rgs de la bordure devant droit, puis 39 (42/43/46) m en remontant le long de l'encolure devant droit, reprendre en tric end les 23 (24/25/26) m du dos en attente sur l'arrêt de m, relever et tric end 39 (42/43/46) m en descendant le long de l'encolure devant gauche, puis 1 m à l'extrémité des rgs de la bordure devant gauche. **103 (110/113/120) m.**
Tric 1 rg end.
Rabattre.

assemblage

Assembler les manches et le corps en cousant les extrémités des rangs au-dessus des marqueurs aux mailles rabattues sous les bras. Fermer les côtés et les manches. Couper le ruban en deux, puis en coudre une moitié sur le devant droit et l'autre sur le devant gauche. Coudre la patte de boutonnage à la couture de l'emmanchure du devant droit 4 rangs au-dessus de l'arrondi de l'emmanchure, puis coudre le bouton sur le devant gauche.

tailles
0 – 3 (3 – 6/6 – 9/9 – 12) mois
mesures du vêtement fini
Tour de fesses (avec couche) : 41 (46/51/56) cm
Longueur : 29 (33/38/43) cm

fournitures
2 (2/2/3) pel de 50 g de Debbie Bliss Baby Cashmerino en chocolat (M) + une petite quantité en lilas (C)
2 aig n° 3 et 2 aig n° 3 1/4
Élastique en 1,5 cm de large, d'une longueur égale au tour de taille

échantillon
Un carré de 10 cm de côté, en jersey end, aig n° 3 1/4 = 25 m et 34 rgs.

abréviations
Voir page 25.

pantalon assorti

jambe
(en faire 2)

Aig n° 3 et C, monter 54 (60/66/72) m.
Rg de côtes *1 m end, 1 m env*, rép de * à * jusqu'à la fin.
Prendre le fil M et faire encore 9 rgs.
Prendre aig n° 3 1/4.
Tric en jersey end en comm par 1 rg end jusqu'à ce que la pièce mesure 14 (16/17/19) cm depuis le rg de montage, en term par 1 rg env.

Entrejambe
Aug 1 m de ch côté du rg suiv, puis tous les 2 rgs 2 (2/3/3) fs.
Tric 1 rg env.
Monter 3 m au début des 2 rgs suiv. **66 (72/80/86) m.**

Jambe
Faire 2 rgs.
Dim 1 m du côté intérieur du rg suiv, puis tous les 2 rgs 2 (3/4/5) fs. **60 (64/70/74) m.**
Dim 1 m de ch côté tous les 6 rgs 5 (6/7/8) fs. **50 (52/56/58) m.**
Faire 6 (6/8/10) rgs.
Prendre aig n° 3 et C.
Tric 2 rgs end.
Rabattre.

assemblage

Fermer les jambes. Réunir les deux côtés par une couture centrale. Coudre ensemble les deux extrémités de l'élastique et le fixer à la taille au point de chausson (sans piquer dans l'élastique).

premier manteau

tailles
0 – 3 (3 – 6/6 – 9/9 – 12) mois

mesures du vêtement fini
Tour de poitrine : 46 (50/55/60) cm
Longueur depuis l'épaule : 28 (30/32/34) cm
Longueur de manche : 12 (13/14/16) cm

fournitures
3 (3/4/4) pel de 50 g de Debbie Bliss Baby Cashmerino coloris pierre (M) + une petite quantité en écru (C)
2 aig n° 3 et 2 aig n° 3 1/4
4 petits boutons

échantillon
Un carré de 10 cm de côté, en jersey end, aig n° 3 1/4 = 25 m et 34 rgs. Un carré de 10 cm de côté, en côtes, aig n° 3 1/4 = 32 m et 34 rgs.

abréviations
Voir page 25.

dos

Aig n° 3 et M, monter 75 (83/91/99) m.
Tric 3 rgs end.
Prendre aig n° 3 1/4.
Tric en jersey end en comm par 1 rg end jusqu'à ce que la pièce mesure 15 (16/18/19) cm depuis le rg de montage, en term par 1 rg env.
Rg suiv (end du trav) 1 m end, *1 m env, 1 m end*, rép de * à * jusqu'à la fin.
Rg suiv 1 m env, *1 m end, 1 m env*, rép de * à * jusqu'à la fin.
Rép les 2 dern rgs jusqu'à ce que la pièce mesure 18 (19/22/23) cm depuis le rg de montage, en term par 1 rg env.

Emmanchures

Rab 8 m au début des 2 rgs suiv. **59 (67/75/83) m.**
Dim 1 m de ch côté du rg suiv, puis tous les 2 rgs 3 (4/5/6) fs. **51 (57/63/69) m.**
Cont droit jusqu'à ce que la pièce mesure 28 (30/32/34) cm depuis le rg de montage, en term par 1 rg env.

Épaules

Rab 9 (11/14/16) m au début des 2 rgs suiv.
Mettre les 33 (35/35/37) m rest en attente sur un arrêt de m.

devant gauche

Aig n° 3 et M, monter 39 (43/47/51) m.
Tric 3 rgs end.
Prendre aig n° 3 1/4.
Rg suiv (end du trav) Tout à l'end.
Rg suiv 3 m end, tric env jusqu'à la fin.
Ces 2 rgs forment le pt jersey avec bordure en pt mousse.
Cont droit jusqu'à ce que la pièce mesure 15 (16/18/19) cm depuis le rg de montage, en term par 1 rg env.
Rg suiv (end du trav) *1 m env, 1 m end*, rép de * à * jusqu'aux 5 dern m, 1 m env, 4 m end.
Rg suiv 3 m end, *1 m env, 1 m end*, rép de * à * jusqu'à la fin.
Rép les 2 dern rgs jusqu'à ce que la pièce mesure 18 (19/22/23) cm depuis le rg de montage, en term par 1 rg env.

Emmanchure

Rab 9 m au début du rg suiv. **30 (34/38/42) m.**
Faire 1 rg.
Dim 1 m au début du rg suiv, puis tous les 2 rgs 3 (4/5/6) fs. **26 (29/32/35) m.**
Tric droit jusqu'à ce que la pièce mesure 24 (26/27/29) cm depuis le rg de montage, en term par 1 rg env.

Encolure

Rg suiv Tric en côtes jusqu'aux 10 dern m, mettre ces m en attente sur un arrêt de m.
Dim 1 m du côté encolure sur tous les rgs jusqu'à ce qu'il reste 9 (11/14/16) m.
Cont droit jusqu'à ce que la longueur du devant = celle du dos depuis l'épaule, en term côté emmanchure.

Épaule

Rabattre.
Marquer l'emplacement des boutons : le 1er sur le 3e rg en pt de côtes, le 4e à 1 cm de l'encolure, les 2 autres régulièrement espacés.

devant droit

Aig n° 3 et M, monter 39 (43/47/51) m. Tric 3 rgs end.
Prendre aig n° 3 1/4.
Rg suiv (end du trav) Tout à l'end.
Rg suiv Tric env jusqu'aux 3 dern m, 3 m end.
Ces 2 rgs forment le pt jersey avec bordure en pt mousse.
Cont droit jusqu'à ce que la pièce mesure 15 (16/18/19) cm depuis le rg de montage, en term par 1 rg env.
Rg suiv (end du trav) 4 m end, 1 m env, *1 m end, 1 m env*, rép de * à * jusqu'à la fin.
Rg suiv 1 m end, *1 m env, 1 m end*, rép de * à * jusqu'aux 4 dern m, 1 m env, 3 m end.
Rg de boutonnière 2 m end, 1 jeté, 2 m ens end, 1 m env, tric en côtes jusqu'à la fin.
Tric de même les autres boutonnières en vis-à-vis des emplacements des boutons.
Rép les 2 dern rgs jusqu'à ce que la pièce mesure 18 (19/22/23) cm depuis le rg de montage, en term par 1 rg end.

Emmanchure

Rab 9 m au début du rg suiv. **30 (34/38/42) m.**
Dim 1 m au début du rg suiv, puis tous les 2 rgs 3 (4/5/6) fs. **26 (29/32/35) m.**
Tric droit jusqu'à ce que la pièce mesure 24 (26/27/29) cm depuis le rg de montage, en term par 1 rg env.

Encolure

Rg suiv Tric 10 m en côtes, mettre ces m en attente sur un arrêt de m, tric en côtes jusqu'à la fin.
Dim 1 m du côté encolure sur tous les rgs jusqu'à ce qu'il reste 9 (11/14/16) m.
Cont droit jusqu'à ce que la longueur du devant = celle du dos depuis l'épaule, en term côté emmanchure.

Épaule

Rabattre.

manche
(en faire 2)

Aig n° 3 et M, monter 40 (43/45/46) m.
Tric 3 rgs end.
Prendre aig n° 3 ¼.
Tric en jersey end en comm par 1 rg end et aug 1 m de ch côté du 5e rg, puis tous les 6 rgs jusqu'à obtenir 50 (55/57/60) m.
Cont droit jusqu'à ce que la pièce mesure 12 (13/14/16) cm depuis le rg de montage, en term par 1 rg env.
Marquer ch extrémité du dern rg d'un fil de couleur.
Tric encore 2 cm, en term par 1 rg env.

Tête de manche

Dim 1 m de ch côté du rg suiv, puis tous les 2 rgs 3 (4/5/6) fs. **42 (45/45/46) m.**
Rabattre.

col

Coudre les épaules.
Sur l'end du trav, aig n° 3 ¼ et M, glis sur une aig les 10 m du devant droit en attente, relever et tric end 16 (16/18/18) m en remontant le long de l'encolure devant droit, tric end les 33 (35/35/37) m en attente du dos, 16 (16/18/18) m en descendant le long de l'encolure devant gauche, tric end les 10 m du devant gauche en attente. **85 (87/91/93) m.**
Rg suiv (env du trav) 1 m end, *1 m env, 1 m end*, rép de * à * jusqu'à la fin.
Ce rg forme le pt de côtes.
2 rgs suiv Tric en côtes jusqu'aux 26 dern m, tourner.
2 rgs suiv Tric en côtes jusqu'aux 20 dern m, tourner.
2 rgs suiv Tric en côtes jusqu'aux 14 dern m, tourner.
2 rgs suiv Tric en côtes jusqu'aux 8 dern m, tourner.
Rg suiv Tout en côtes.
Rab 4 m au début des 2 rgs suiv.
Faire encore 14 (16/16/18) rgs.
Couper le fil.
Sur l'end du trav, aig n° 3 et M, relever et tric end 12 (14/14/16) m à l'extrémité des rgs du col, tric end les m du col, puis relever et tric end 12 (14/14/16) m à l'extrémité des rgs du col.
Rg suiv Tric end 12 (14/14/16) m, aj 1 m, tric end jusqu'aux 12 (14/14/16) dern m, aj 1 m, puis jusqu'à la fin.
Prendre le fil C.
Rg suiv Tout à l'end.
Rg suiv Tric end 12 (14/14/16) m, aj 1 m, tric end jusqu'aux 12 (14/14/16) dern m, aj 1 m, tric end jusqu'à la fin.
Rabattre.

assemblage

Assembler les manches et le corps en cousant les extrémités des rangs au-dessus des marqueurs aux mailles rabattues sous les bras. Fermer les côtés et les manches. Coudre les boutons. Coudre les extrémités des rangs de la bordure du col en place.

L'HEUREUX
MOMENT.

cadre maisonnette

dimensions
Hauteur : 30,5 cm
Largeur : 42 cm

fournitures
1 pel de 50 g de Debbie Bliss Rialto DK dans ch coloris : écru (M), bleu-gris (A), rose pâle (B), gris (C), marron (D)
2 aig n° 4
Cadre en bois naturel 30 x 40 cm

échantillon
Un carré de 10 cm de côté, en jersey end, aig n° 4 = 22 m et 30 rgs.

abréviations
Voir page 25.

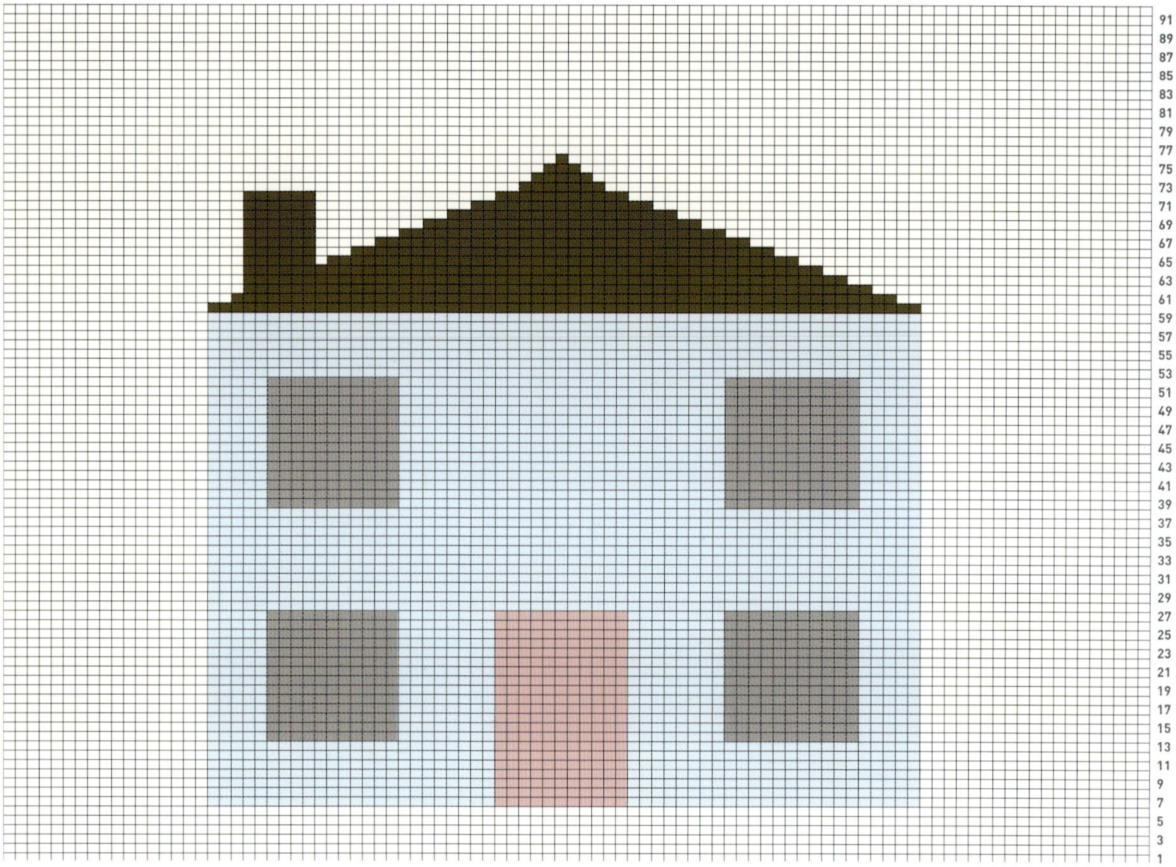

M écru · A bleu-gris · B rose pâle · C gris · D marron

grille

La grille se tricote en jersey endroit. Les rangs endroit se lisent de droite à gauche et les rangs envers de gauche à droite. Appliquer la méthode de l'intarsia (voir p. 28), en utilisant des petits pelotons de fil distincts pour chaque zone de couleur et en croisant les fils sur l'envers à chaque changement de couleur pour éviter les trous.

réalisation

Aig n° 4 et M, monter 95 m.
Tric en jersey end en comm par 1 rg end et réaliser les 92 rgs en suivant la grille, selon la méthode de l'intarsia.
Rabattre.
Repasser en suivant les instructions de la bande d'une pelote.

finition

Retirer le verre du cadre. Couper un morceau de carton aux dimensions du fond. Coller le tricot sur le carton à l'aide d'adhésif double face, placer le tout sur le fond et remettre le verre.

tailles
0 – 3 (3 – 6) mois
mesures du vêtement fini
Longueur depuis l'épaule : 55 (60) cm

fournitures
8 (9) pel de 50 g de Debbie Bliss Cashmerino Aran en écru
2 aig n° 4 1/2
1 aig circulaire n° 4 1/2
Fermeture Éclair de 40 cm

échantillon
Un carré de 10 cm de côté, en pt mousse, aig n° 4 1/2 = 20 m et 42 rgs.

abréviations
aug 1 m = faire une augmentation d'une maille dans la même maille (voir p. 20).
Autres abréviations : voir p. 25.

nid d'ange

dos, devant et manches
(se tricote d'une seule pièce)

Aig n° 4 1/2, monter 54 (62) m.
1er rg Tout à l'end.
Ce rg forme le pt mousse et est répété.
Cont droit jusqu'à ce que la pièce mesure 46 (48) cm depuis le rg de montage, en term par 1 rg env.
Prendre l'aig circulaire n° 4 1/2.

Manches
Monter 30 (36) m au début des 2 rgs suiv. **114 (134) m.**
Cont droit en pt mousse jusqu'à ce que la pièce mesure 55 (60) cm depuis le rg de montage, en term par 1 rg env.
Marquer ch extrémité du dern rg (ligne des épaules).

Division devants
Rg suiv (end du trav) Aig à tric n° 4 1/2, tric end 43 (53) m, tourner et cont uniquement sur ces m pour créer le devant droit. Laisser les m rest sur l'aig circulaire.

Encolure
Rg suiv (env du trav) Aug 1 m, tric end jusqu'à la fin. **44 (54) m.**
Tric 1 rg end.
Rép les 2 dern rgs 1 autre fs. **45 (55) m.**
Rg suiv Monter 2 m, tric end jusqu'à la fin. **47 (57) m.**
Tric 1 rg end.
Rg suiv Monter 3 m, tric end jusqu'à la fin. **50 (60) m.**

Tric 1 rg end.
Rép les 2 dern rgs 1 autre fs. **53 (63) m.**
Rg suiv Monter 7 m, tric end jusqu'à la fin. **60 (70) m.**
Marquer le dern rg (bordure) d'un fil de couleur.
Cont droit en pt mousse jusqu'à ce que la pièce mesure 10 (12) cm depuis le marqueur de la ligne des épaules, en term par 1 rg env.

Manche

Rg suiv (end du trav) Rab 30 (36) m, tric end jusqu'à la fin. **30 (34) m.**
Cont en pt mousse jusqu'à ce que la pièce mesure 40 cm depuis le marqueur de la bordure, en term par 1 rg end.
Rg suiv Rab 3 m, glis les 27 (31) m rest sur un arrêt de m.
Revenir aux m de l'aig circulaire : sur l'end du trav, glis les 28 m de l'encolure dos sur un arrêt de m, puis rattacher le fil aux 43 (53) m rest pour créer le devant gauche et tric end jusqu'à la fin.
Tric 1 rg end.
Rg suiv (end du trav) Aug 1 m, tric end jusqu'à la fin. **44 (54) m.**
Tric 1 rg end.
Rép les 2 dern rgs 1 autre fs. **45 (55) m.**
Rg suiv Monter 2 m, tric end jusqu'à la fin. **47 (57) m.**
Tric 1 rg end.
Rg suiv Monter 3 m, tric end jusqu'à la fin. **50 (60) m.**
Tric 1 rg end.
Rép les 2 dern rgs 1 autre fs. **53 (63) m.**
Tric 1 rg end.
Rg suiv Monter 4 m, tric end jusqu'à la fin. **57 (67) m.**
Marquer le dern rg (bordure) d'un fil de couleur.
Cont droit en pt mousse jusqu'à ce que la pièce mesure 10 (12) cm depuis le marqueur de la ligne des épaules, en term par 1 rg end.

Manche

Rg suiv (env du trav) Rab 30 (36) m, tric end jusqu'à la fin. **27 (31) m.**
Cont en pt mousse jusqu'à ce que la pièce mesure 40 cm depuis le marqueur de la bordure, en term par 1 rg end.
Rg suiv (env du trav) Tric end les 27 (31) m du devant gauche, puis les 27 (31) m du devant droit en attente. **54 (62) m.**
Cont droit jusqu'à ce que la pièce mesure 55 (60) cm depuis le marqueur de la ligne des épaules, en term par 1 rg end. Rabattre.

capuche

Sur l'end du trav, aig n° 4 1/2, relever et tric end 22 m en remontant le long de l'encolure devant droit, tric end 2 m, [aj 1 m, 2 m end] 13 fs en reprenant les 28 m de l'encolure dos en attente, puis relever et tric end 20 m en descendant le long de l'encolure devant gauche. **83 m.**
Tric en pt mousse jusqu'à ce que la pièce mesure 20 cm depuis le rg de m relevées. Rabattre.

assemblage

Plier le bord rabattu de la capuche en deux et réaliser la couture supérieure. Plier l'ouvrage au niveau de la ligne des épaules et fermer les manches et les côtés. Coudre la fermeture Éclair : placer le devant gauche au ras de la glissière et le devant droit à environ 1 cm afin de créer une fermeture sous patte. Coudre au point de chausson les mailles rabattues au bas de l'ouvrage.

châle ajouré

dimensions
94 x 110 cm, sans la bordure

fournitures
16 pel de 50 g de Debbie Bliss Baby Cashmerino en bleu pâle
2 aig n° 3 $^{1}/_{4}$
1 aig circulaire n° 3 $^{1}/_{4}$

échantillon
Un carré de 10 cm de côté, en pt ajouré, aig n° 3 $^{1}/_{4}$ = 24 m et 40 rgs.

abréviations
sd = surjet double (glisser une maille, tricoter 2 mailles ensemble à l'endroit, passer la maille glissée par-dessus).
m end torse = tricoter une maille endroit en prenant le brin arrière de la maille.
Autres abréviations : voir p. 25.

carré central

Aig circulaire n° 3 1/4, monter 239 m.
1er rg (end du trav) 2 m end, *1 m end torse, 2 m end, 1 jeté, 1 ss, 4 m end, 1 jeté, 1 ss, 3 m end, 2 m ens end, 1 jeté, 2 m end*, rép de * à * jusqu'aux 3 dern m, 1 m end torse, 2 m end.
2e rg et tous les rgs env suiv Tout à l'env.
3e rg 2 m end, *1 m end, 2 m ens end, 1 jeté, 1 m end torse, 1 jeté, 1 ss*, rép de * à * jusqu'aux 3 dern m, 3 m end.
5e rg 1 m end, 1 jeté, *1 sd, 1 jeté, 3 m end, 1 jeté*, rép de * à * jusqu'aux 4 dern m, 1 sd, 1 jeté, 1 m end.
7e rg 2 m end, *1 jeté, 1 ss, 3 m end, 2 m ens end, 1 jeté, 5 m end, 1 jeté, 1 ss, 4 m end*, rép de * à * jusqu'aux 3 dern m, 1 jeté, 1 ss, 1 m end.
9e rg 2 m ens end, 1 jeté, *1 m end torse, 1 jeté, 1 ss, 3 m end, 1 m end torse, 2 m end, 1 jeté, 1 ss, 1 m end, 1 m end torse, 3 m end, 2 m ens end, 1 jeté*, rép de * à * jusqu'aux 3 dern m, 1 m end torse, 1 jeté, 1 ss.
11e rg 2 m end, *2 m end, 1 jeté, 1 ss, 3 m end, 2 m ens end, 1 jeté, 1 m end torse, 1 jeté, 1 ss, 3 m end, 2 m ens end, 1 jeté, 1 m end*, rép de * à * jusqu'aux 3 dern m, 3 m end.
13e rg 2 m end, *3 m end, 1 jeté, 1 ss, 1 m end, 2 m ens end, 1 jeté, 3 m end, 1 jeté, 1 ss, 1 m end, 2 m ens end, 1 jeté, 2 m end*, rép de * à * jusqu'aux 3 dern m, 3 m end.
15e rg 2 m end, *[1 jeté, 1 ss, 2 m end] 2 fs, 1 jeté, 1 sd, 1 jeté, 2 m end, 2 m ens end, 1 jeté, 3 m end*, rép de * à * jusqu'aux 3 dern m, 1 jeté, 1 ss, 1 m end.
17e rg 2 m ens end, 1 jeté, *1 m end torse, [1 jeté, 1 ss, 2 m end] 2 fs, 1 jeté, 1 ss, 1 m end, 2 m ens end, 1 jeté, 2 m end, 2 m ens end, 1 jeté*, rép de * à * jusqu'aux 3 dern m, 1 m end torse, 1 jeté, 1 ss.
19e rg 2 m end, *[2 m end, 1 jeté, 1 ss] 2 fs, 1 m end, 1 m end torse, 1 m end, 2 m ens end, 1 jeté, 2 m end, 2 m ens end, 1 jeté, 1 m end*, rép de * à * jusqu'aux 3 dern m, 3 m end.
21e rg 1 m end, 1 jeté, *1 sd, 1 jeté, 5 m end, 1 jeté, 1 ss, 1 m end, 2 m ens end, 1 jeté, 5 m end, 1 jeté*, rép de * à * jusqu'aux 4 dern m, 1 sd, 1 jeté, 1 m end.
23e rg 2 m end, *1 jeté, 1 ss, 6 m end, 1 jeté, 1 sd, 1 jeté, 7 m end*, rép de * à * jusqu'aux 3 dern m, 1 jeté, 1 ss, 1 m end.
24e rg Comme le 2e rg.
Ces 24 rgs forment le pt ajouré du carré central et sont répétés.
Cont en pt ajouré jusqu'au 23e rg de la 17e rép (407 rgs réalisés). Rabattre.

bordure

Aig n° 3 1/4, monter 10 m.
Tric 1 rg end, puis réaliser la bordure comme suit :
1er rg (env du trav) 1 m glis, [1 m end, 1 jeté, 2 m ens end] 2 fs, 1 m end, 2 jetés, 1 m end, 2 jetés, 1 m end.
2e rg [2 m end, 1 m env] 2 fs (ch double jeté est traité comme 2 m, le 1er comme 1 m end et le 2e comme 1 m env), 2 m end, [1 jeté, 2 m ens end, 1 m end] 2 fs.
3e rg 1 m glis, [1 m end, 1 jeté, 2 m ens end] 2 fs, 7 m end.
4e rg Rab 4 m, 3 m end, [1 jeté, 2 m ens end, 1 m end] 2 fs.
Ces 4 rgs forment le pt de la bordure et sont répétés jusqu'à obtenir une longueur suffisante pour encadrer le carré central, avec de légers plis aux angles, en term par le 3e rg.
Rabattre.

assemblage

Mettre en forme le carré central en l'étalant sur une serviette éponge placée sur une surface plane et en l'épinglant aux dimensions appropriées. Pulvériser un peu d'eau et laisser sécher. Repasser la bordure section par section à la pattemouille, à fer moyen. Coudre ensemble les deux extrémités de la bordure et coudre celle-ci autour du carré.

dimensions
Hauteur : environ 10 cm
Longueur : environ 14 cm

fournitures
1 pel de 50 g de Debbie Bliss Cashmerino Astrakhan en écru (A), restes de pel de 50 g de Debbie Bliss Cotton DK en noir (B)
2 aig n° 3 1/4
Matériau de rembourrage lavable (conforme à la norme européenne EN71)

échantillon
Un carré de 10 cm de côté, en jersey end, aig n° 3 1/4, fil A = 20 m et 30 rgs.

abréviations
aug 1 m = faire une augmentation d'une maille dans la même maille (voir p. 20).
aug 1 m env = faire une augmentation d'une maille dans la même maille, mais en tricotant à l'envers.
sd = surjet double (voir p. 62).
2 m torses ens env = tricoter 2 mailles ensemble à l'envers en prenant le brin arrière des mailles.
Autres abréviations : voir p. 25.

mouton en peluche

corps
(de la queue au museau)

** Aig n° 3 1/4 et A, monter 2 m.
Tric en jersey end en comm par 1 rg end.
Faire 2 rgs.
Rg suiv Aug 1 m, 4 m, aug 1 m. **
Tric 1 rg env.
Rg suiv (end du trav) Monter 8 m en A et 11 m en B, tric end jusqu'à la fin en veillant à l'ordre des fils.
Rg suiv Monter 11 m en B et 8 m en A, tric env jusqu'à la fin en veillant à l'ordre des fils. **42 m.**
Placer un marqueur (X) sur la 14e m à partir de ch extrémité du dern rg.
Faire 4 rgs en jersey end.
Rab 7 m au début des 2 rgs suiv. **28 m.**
Rg suiv Rab 2 m, tric end jusqu'aux 2 dern m, 2 m ens end.
Rg suiv Rab 2 m, tric env jusqu'aux 2 dern m, 2 m ens env. **22 m.**
Rg suiv 2 m ens end, tric end jusqu'aux 2 dern m, 2 m ens end. **20 m.**
Faire 7 rgs.
Monter 3 m en B au début des 2 rgs suiv et 8 m en B au début des 2 rgs d'après. **42 m.**
Faire 4 rgs.
Rab 14 m au début des 2 rgs suiv. **14 m.**
Faire 2 rgs.
Placer un marqueur (Y) à ch extrémité du dern rg.

Tête

Rg suiv 4 m end, [aug 1 m, 1 m end] 2 fs, aug 1 m, 5 m end. **17 m.**
Rg suiv 5 m env, [aug 1 m env, 1 m env] 3 fs, aug 1 m env, 5 m env. **21 m.**
Tric 1 rg end.
Rg suiv 2 m ens env, tric env jusqu'aux 2 dern m, 2 m ens env.
Rép les 2 dern rgs 1 autre fs. **17 m.**
Rg suiv 7 m end B, 3 m end A, 7 m end B.
Rg suiv 8 m env B, 1 m env A, 8 m env B.
Faire 2 rgs.
Rg suiv 2 m end, 1 ss, 1 m end, 1 ss, 3 m end, 2 m ens end, 1 m end, 2 m ens end, 2 m end. **13 m.**
Tric 1 rg env.
Rg suiv 3 m end, 1 ss, 3 m end, 2 m ens end, 3 m end. **11 m.**
Tric 1 rg env.
Rg suiv 1 m end, [1 ss] 2 fs, 1 m end, [2 m ens end] 2 fs, 1 m end. **7 m.**
Rg suiv 1 m env, 2 m ens env, 1 m env, 2 m torses ens env, 1 m env. **5 m.**
Rg suiv 1 m end, 1 sd, 1 m end. **3 m.**
Couper le fil, le passer dans les m rest, tirer et arrêter.

dessous
(de l'arrière vers l'avant)

Aig n° 3 1/4, monter 11 m B, 6 m A, 11 m B. **28 m.**
En veillant à l'ordre des fils et en comm par 1 rg end, tric 4 rgs en jersey end.
Rg suiv Rab 7 m, avec 1 m sur l'aig après avoir rab, tric end les 5 m suiv, 2 m ens end, tric end jusqu'à la fin.
Rg suiv Rab 7 m, tric env jusqu'à la fin. **13 m.**
Rg suiv Rab 2 m, tric end jusqu'aux 2 dern m, 2 m ens end.
Rg suiv Rab 2 m, tric env jusqu'aux 2 dern m, 2 m torses ens env. **7 m.**
Rg suiv 2 m ens end, tric end jusqu'aux 2 dern m, 2 m ens end. **5 m.**
Faire 7 rgs.
Monter 3 m en B au début des 2 rgs suiv et 8 m en B au début des 2 rgs d'après. **27 m.**
Faire 4 rgs.
Rab 12 m au début des 2 rgs suiv. **3 m.**
Faire 2 rgs.
Rg suiv Faire 1 sd et arrêter.

oreille
(en faire 2)

Aig n° 3 1/4 et B, monter 2 m.
Tric 2 rgs end.
Rg suiv Aug 1 m, 1 m end. **3 m.**
Tric 6 rgs end.
Rabattre.

assemblage

Fermer la tête, depuis le museau jusqu'aux marqueurs (Y) et coudre le dos, de la queue aux marqueurs (X). Assembler le dessous au corps : pointe au niveau des marqueurs (Y), milieu du rang de montage aligné avec les marqueurs (X) et pattes contre pattes. Laisser une ouverture entre les pattes d'un côté, rembourrer les pattes, la tête et le corps, puis fermer. Coudre les oreilles en place et broder les yeux avec le fil A.

Culotte bébé Short bébé Mobile cœurs
Peignoir à capuche Pull sans manches
Robe tablier Coussin de sol Chaussons feutrés

à la maison

tailles
3 – 6 (6 – 9) mois
mesures du vêtement fini
Tour de fesses (avec couche) : 51 (56) cm
Longueur : 22 (24) cm

fournitures
2 pel de 50 g de Debbie Bliss Baby Cashmerino en gris
2 aig n° 2 3/4 et 2 aig n° 3 1/4
Élastique en 2 cm de large, d'une longueur égale au tour de taille

échantillon
Un carré de 10 cm de côté, en jersey end, aig n° 3 1/4 = 25 m et 34 rgs.

abréviations
Voir page 25.

culotte bébé

culotte
(se tricote d'une seule pièce)

Aig n° 2 3/4, monter 66 (76) m.
Rg de côtes *1 m end, 1 m env*, rép de * à * jusqu'à la fin.
Faire encore 9 rgs en côtes.
Prendre aig n° 3 1/4.
Partie arrière
2 rgs suiv Tric end jusqu'aux 30 dern m, tourner, 1 m glis, tric env jusqu'aux 30 dern m, tourner.
2 rgs suiv 1 m glis, tric end jusqu'aux 24 dern m, tourner, 1 m glis, tric env jusqu'aux 24 dern m, tourner.
2 rgs suiv 1 m glis, tric end jusqu'aux 18 dern m, tourner, 1 m glis, tric env jusqu'aux 18 dern m, tourner.
2 rgs suiv 1 m glis, tric end jusqu'aux 12 dern m, tourner, 1 m glis, tric env jusqu'aux 12 dern m, tourner.
2 rgs suiv 1 m glis, tric end jusqu'aux 6 dern m, tourner, 1 m glis, tric env jusqu'aux 6 dern m, tourner.
Rg suiv 1 m glis, tric end jusqu'à la fin.
Rg d'aug 3 m env, aj 1 m, [6 m env, aj 1 m] 4 fs, 12 (22) m env, [aj 1 m, 6 m env] 4 fs, aj 1 m, 3 m env. **76 (86) m.**
Cont en jersey end en comm par 1 rg end.
Faire 42 (52) rgs.
Dim 1 m de ch côté du rg suiv, puis tous les 2 rgs 9 (7) fs. **56 (70) m.**
Tric 1 rg env.

Dim 1 m de ch côté des 16 (20) rgs suiv. **24 (30) m.**
Faire 20 (22) rgs sans dim ni aug.
Couper le fil et mettre ces m sur un arrêt de m.

Côté jambe droite
Aig n° 3 1/4, monter 2 m.
Tric 1 rg env.
Rg suiv 1 m end, aj 1 m, 1 m end.
Rg suiv 2 m env, aj 1 m, 1 m env.
Rg suiv 1 m end, aj 1 m, tric end jusqu'à la fin.
Rg suiv Tric env jusqu'à la dern m, aj 1 m, 1 m env.
Rép les 2 dern rgs 10 (11) fs. **26 (28) m.**
Couper le fil et mettre ces m sur un arrêt de m.

Côté jambe gauche
Aig n° 3 1/4, monter 2 m.
Tric 1 rg env.
Rg suiv 1 m end, aj 1 m, 1 m end.
Rg suiv 1 m env, aj 1 m, 2 m env.
Rg suiv Tric end jusqu'à la dern m, aj 1 m, 1 m end.
Rg suiv 1 m env, aj 1 m, tric env jusqu'à la fin.
Rép les 2 dern rgs 10 (11) fs. **26 (28) m.**
Rg suiv Tric end ces 26 (28) m, puis les 24 (30) m en attente sur le 1er arrêt de m et les 26 (28) m en attente sur le 2e arrêt de m. **76 (86) m.**
Faire 18 (26) rgs sans dim ni aug.
Rg de dim [5 m env, 2 m ens env] 5 fs, 6 (16) m env, [2 m ens env, 5 m env] 5 fs. **66 (76) m.**
Prendre aig n° 2 3/4.
Rg de côtes *1 m end, 1 m env*, rép de * à * jusqu'à la fin.
Faire encore 9 rgs en côtes.
Rab en côtes.

bordures des jambes

Sur l'end du trav, aig n° 3 1/4, relever et tric end 72 (78) m régulièrement autour de l'ouverture de la jambe.
Rg de côtes *1 m end, 1 m env*, rép de * à * jusqu'à la fin.
Faire encore 1 rg en côtes.
Prendre aig n° 2 3/4.
Faire encore 3 rgs en côtes.
Rg d'arrêt Rab 3 m, *glis m sur aig gauche, monter 2 m, rab 6 m*, rép de * à *, en term la dern rép par 3 m rab.

assemblage

Coudre les côtés et les bordures. Coudre ensemble les deux extrémités de l'élastique et fixer ce dernier à la taille au point de chausson (sans piquer dans l'élastique).

tailles
3 – 6 (6 – 9) mois
mesures du vêtement fini
Tour de fesses (avec couche) : 51 (56) cm
Longueur : 27 (30) cm

fournitures
2 (3) pel de 50 g de Debbie Bliss Baby Cashmerino en gris
2 aig n° 3 et 2 aig n° 3 1/4
Élastique en 2 cm de large, d'une longueur égale au tour de taille

échantillon
Un carré de 10 cm de côté, en jersey end, aig n° 3 1/4 = 25 m et 34 rgs.

abréviations
Voir page 25.

short bébé

jambe droite

Aig n° 3, monter 66 (72) m.
Rg de côtes *1 m end, 1 m env*, rép de * à * jusqu'à la fin.
Faire encore 9 rgs en côtes.
Prendre aig n° 3 1/4.
Haut du short
2 rgs suiv 6 m end, tourner, 1 m glis, tric env jusqu'à la fin.
2 rgs suiv 12 m end, tourner, 1 m glis, tric env jusqu'à la fin.
2 rgs suiv 18 m end, tourner, 1 m glis, tric env jusqu'à la fin.
2 rgs suiv 24 m end, tourner, 1 m glis, tric env jusqu'à la fin.
2 rgs suiv 30 m end, tourner, 1 m glis, tric env jusqu'à la fin.
Pour la 2e taille uniquement
2 rgs suiv 36 m end, tourner, 1 m glis, tric env jusqu'à la fin.
Pour les 2 tailles
Cont en jersey end en comm par 1 rg end jusqu'à ce que la pièce mesure 17 (19) cm le long du bord court, en term par 1 rg env.
**** Entrejambe**
Rg d'aug (end du trav) 2 m end, aj 1 m, tric end jusqu'aux 2 dern m, aj 1 m, 2 m end.
Tric 1 rg env.
Rép les 2 dern rgs 3 autres fs. **74 (80) m.**
Monter 3 m au début des 2 rgs suiv. **80 (86) m.**

Bas du short
Faire 2 rgs en jersey end.
Rg de dim (end du trav) 2 m end, 1 ss, tric end jusqu'aux 4 dern m, 2 m ens end, 2 m end.
Faire 3 rgs en jersey end.
Rép les 4 dern rgs 4 (5) autres fs. **70 (74) m.**

Bordure
Prendre aig n° 3.
Rg de dim 1 (3) m end, [2 m ens end, 4 m end] 11 fs, 2 m ens end, 1 (3) m end. **58 (62) m.**
Tric 1 rg env.
Rg de trou-trous (end du trav) 1 m end, [1 jeté, 2 m ens end] jusqu'à la dern m, 1 m end.
Faire 2 rgs en jersey end.
Rabattre.

jambe gauche

Aig n° 3, monter 66 (72) m.
Rg de côtes *1 m end, 1 m env*, rép de * à * jusqu'à la fin.
Faire encore 9 rgs en côtes.
Prendre aig n° 3 1/4.

Haut du short
2 rgs suiv 6 m env, tourner, 1 m glis, tric end jusqu'à la fin.
2 rgs suiv 12 m env, tourner, 1 m glis, tric end jusqu'à la fin.
2 rgs suiv 18 m env, tourner, 1 m glis, tric end jusqu'à la fin.
2 rgs suiv 24 m env, tourner, 1 m glis, tric end jusqu'à la fin.
2 rgs suiv 30 m env, tourner, 1 m glis, tric end jusqu'à la fin.

Pour la 2e taille uniquement
2 rgs suiv 36 m env, tourner, 1 m glis, tric end jusqu'à la fin.

Pour les 2 tailles
Cont en jersey end en comm par 1 rg env jusqu'à ce que la pièce mesure 17 (19) cm le long du bord court, en term par 1 rg env.
Trav comme pour la jambe droite de ** à la fin.

assemblage

Fermer les jambes. Réunir les deux côtés par une couture centrale. Coudre ensemble les deux extrémités de l'élastique et fixer ce dernier à la taille au point de chausson (sans piquer dans l'élastique). Plier les bordures des jambes sur l'envers et les coudre au point caché.

dimensions
Environ 8 (9/10) cm pour un petit (moyen/grand) cœur

fournitures
Restes de pel de 50 g de Debbie Bliss Cotton DK en écru (A), bleu-gris (B), vert lime (C) et rose pâle (D)
2 aig n° 4
120 cm de ruban fin

échantillon
Un carré de 10 cm de côté, en jersey end, aig n° 4 = 20 m et 28 rgs.

abréviations
aug 1 m = faire une augmentation d'une maille dans la même maille (voir p. 20).
dim G = diminuer une maille comme suit : glisser 2 mailles comme pour les tricoter à l'endroit, piquer la pointe de l'aiguille gauche dans le brin avant des 2 mailles glissées et les tricoter ensemble à l'endroit.
Autres abréviations : voir p. 25.

mobile cœurs

remarque
Les instructions permettent de réaliser les formes de base des cœurs et les grilles représentent les motifs de ces cœurs. Vous pouvez redessiner les formes sur du papier quadrillé et créer vos propres motifs. Faites suivre les fils qui ne travaillent pas derrière l'ouvrage et, au-delà de 4 m, tissez-les. Pour les gros pois, croisez les fils aux changements de couleur afin d'éviter les trous.

cœur
(en faire 2 de ch taille)

Aig n° 4, monter 2 m.
1er rg 2 m env.
2e rg (end du trav) Aug 1 m, 2 m. end, aug 1 m. **4 m.**
3e rg Tout à l'env.
4e rg 1 m end, aj 1 m, tric end jusqu'à la dern m, aj 1 m, 1 m end.
Rép les 2 dern rgs jusqu'à obtenir 14 (16/18) m, en term par 1 rg end.
Faire 3 rgs en jersey end.
Rg suiv Comme le 4e rg. **16 (18/20) m.**
Faire 3 (5/5) rgs en jersey end.
Cœurs de petite et moyenne dimensions uniquement
Rg suiv Dim G, 4 (5) m end, 2 m ens end, tourner et cont sur ces 6 (7) m uniquement.
Tric 1 rg env.
Rg suiv Dim G, 4 (5) m end.
Tric 1 rg env.

A écru B bleu-gris C vert lime D rose pâle

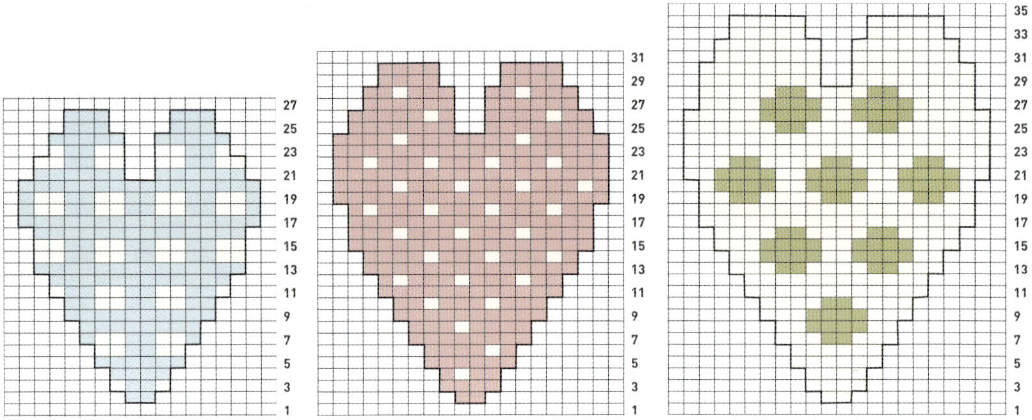

Rg suiv Dim G, 1 (2) m end, 2 m ens end.
Tric 1 rg env.
Rabattre.
Sur l'end du trav, rattacher le fil aux m rest, dim G, 4 (5) m end, 2 m ens end.
Tric 1 rg env.
Rg suiv 4 (5) m end, 2 m ens end.
Tric 1 rg env.
Rg suiv Dim G, 1 (2) m end, 2 m ens end.
Tric 1 rg env.
Rabattre.

Cœur de grande dimension uniquement

Rg suiv Dim G, tric end jusqu'aux 2 dern m, 2 m ens end. **18 m.**
Tric 1 rg env.
Rg suiv Dim G, 5 m end, 2 m ens end, tourner et cont sur ces 7 m uniquement.
** Faire 3 rgs en jersey end.
Rg suiv Dim G, 3 m end, 2 m ens end.
Tric 1 rg env.
Rabattre. **
Sur l'end du trav, rattacher le fil aux m rest, dim G, 5 m end, 2 m ens end.
Trav comme pour le 1er côté de ** à **.

assemblage

Coudre deux à deux les cœurs de même dimension. Doubler le ruban et le faire passer dans le petit cœur, de haut en bas, en laissant une boucle au sommet. Nouer les deux brins du ruban à la base du cœur pour le maintenir en place. Faire passer le ruban dans le cœur de taille moyenne et nouer les deux brins à la base. Répéter l'opération pour le grand cœur.

tailles
6 (12/18/24) mois

mesures du vêtement fini
Tour de poitrine : 59 (63/67/71) cm
Longueur depuis l'épaule : 42 (48/54/60) cm
Longueur de manche (revers retourné) : 16 (18/21/24) cm

fournitures
11 (12/14/15) pel de 50 g de Debbie Bliss Cotton DK en rose (M), 1 pel de 50 g en chocolat (C)
2 aig n° 3 3/4 et 2 aig n° 4
1 aig circulaire n° 4

échantillon
Un carré de 10 cm de côté, en pt de riz, aig n° 4 = 20 m et 32 rgs.

abréviations
Voir page 25.

peignoir à capuche

dos

Aig circulaire n° 4 et M, monter 157 (169/185/197) m.
Rg de pt de riz 1 m end, *1 m env, 1 m end*, rép de * à * jusqu'à la fin.
Ce rg forme le pt de riz et est répété.
Faire encore 31 (33/35/37) rgs en pt de riz.
Rg de dim (end du trav) 42 (44/46/48) m en pt de riz, 3 m ens end, pt de riz jusqu'aux 45 (47/49/51) dern m, 3 m ens end, pt de riz jusqu'à la fin.
Faire 13 rgs en pt de riz.
Rg de dim (end du trav) 41 (43/45/47) m en pt de riz, 3 m ens env, pt de riz jusqu'aux 44 (46/48/50) dern m, 3 m ens env, pt de riz jusqu'à la fin.
Faire 13 rgs en pt de riz.
Cont en pt de riz, dim 4 m au rg suiv comme indiqué, puis tous les 14 rgs 1 (2/3/4) fs ; faire 1 autre rg de dim. **137 (145/157/165) m.**
Faire 11 rgs.

Division dos et devants

Rg suiv Tric 36 (38/41/43) m en pt de riz et mettre ces m en attente sur un arrêt de m pour le devant droit, rab les 6 (6/8/8) m suiv, avec 1 m sur l'aig après avoir rab, tric les 52 (56/58/62) m suiv en pt de riz et mettre ces m en attente sur un arrêt de m pour le dos, rab les 6 (6/8/8) m suiv, avec 1 m sur l'aig après avoir rab, tric 35 (37/40/42) m en pt de riz. En trav sur le dern groupe de 36 (38/41/43) m pour le devant gauche, tric en pt de riz pendant 11 (12/13/14) cm, en term par 1 rg env.

Épaule

Rab 16 (17/18/19) m au début du rg suiv.
Faire 1 rg.
Mettre les 20 (21/23/24) m rest en attente sur une aig auxiliaire.

Dos

Sur l'env du trav, rattacher le fil aux 53 (57/59/63) m en attente du dos et cont en suiv les pts précédents jusqu'à la fin. Tric droit jusqu'à ce que la longueur du dos = celle du devant gauche depuis l'épaule, en term par 1 rg env.

Épaules

Rab 16 (17/18/19) m au début des 2 rgs suiv.
Rab les 21 (23/23/25) m rest.

Devant droit

Sur l'env du trav, rattacher le fil aux 36 (38/41/43) m en attente du devant droit et cont en suiv les pts précédents jusqu'à la fin.
Tric droit jusqu'à ce que la longueur du devant droit = celle du dos depuis l'épaule, en term par 1 rg end.

Épaule

Rab 16 (17/18/19) m au début du rg suiv. **20 (21/23/24) m.**
Mettre les m rest en attente sur un arrêt de m.

manche
(en faire 2)

Aig n° 4 et C, monter 29 (31/33/35) m.
Tric 1 rg end.
Prendre le fil M.
Rg suiv 1 m end, *1 m env, 1 m end*, rép de * à * jusqu'à la fin.
Ce rg forme le pt de riz et est répété.
Faire encore 13 (13/15/15) rgs en pt de riz.

Prendre aig n° 3 3/4.
Faire 14 (14/16/16) rgs.
Prendre aig n° 4.
Cont en pt de riz et aug 1 m de ch côté du 3e (5e/5e/7e) rg, puis tous les 4 rgs jusqu'à obtenir 45 (49/55/59) m, en intégrant toutes les m aug au pt de riz.
Cont droit jusqu'à ce que la pièce mesure 20 (22/26/29) cm depuis le rg de montage, en term par 1 rg env.
Marquer ch extrémité du dern rg d'un fil de couleur.
Faire encore 6 (6/8/8) rgs.
Rabattre.

capuche

Coudre les épaules.
Aig n° 4 et M, cont comme suit :
Rg suiv (end du trav) Tric 20 (21/23/24) m en pt de riz à partir du devant droit, monter 31 (35/35/39) m, tric 20 (21/23/24) m en pt de riz à partir du devant gauche. **71 (77/81/87) m.**
Faire 60 (62/64/66) rgs en pt de riz.

Tête de manche

Rg suiv 34 (37/39/42) m en pt de riz, 3 m ens, 34 (37/39/42) m en pt de riz.
Rg suiv 33 (36/38/41) m en pt de riz, 3 m ens, 33 (36/38/41) m en pt de riz.
Rg suiv 32 (35/37/40) m en pt de riz, 3 m ens, 32 (35/37/40) m en pt de riz.
Rg suiv 31 (34/36/39) m en pt de riz, 3 m ens, 31 (34/36/39) m en pt de riz.
Rg suiv 30 (33/35/38) m en pt de riz, 3 m ens, 30 (33/35/38) m en pt de riz.
Rg suiv 29 (32/34/37) m en pt de riz, 3 m ens, 29 (32/34/37) m en pt de riz.
Rg suiv 28 (31/33/36) m en pt de riz, 3 m ens, 28 (31/33/36) m en pt de riz.
Rg suiv 27 (30/32/35) m en pt de riz, 3 m ens, 27 (30/32/35) m en pt de riz.
Rabattre.

poche
(en faire 2)

Aig n° 4 et M, monter 19 (21/21/23) m.
Faire 24 (26/26/28) rgs en pt de riz.
Prendre le fil C.
Tric 1 rg end.
Rabattre en C.

ceinture

Aig circulaire n° 4 et M, monter 191 (201/211/221) m.
Faire 3 rgs en pt de riz.
Rabattre en pt de riz.

assemblage

Réaliser la couture supérieure de la capuche. Coudre le rang de montage de la capuche au bord rabattu de l'encolure dos. Fermer les manches jusqu'aux marqueurs, en inversant la couture le long des revers. Assembler les manches et le corps en cousant les extrémités des rangs au-dessus des marqueurs aux mailles rabattues sous les bras. Coudre les poches.

tailles
0 – 3 (3 – 6/6 – 9/9 – 12) mois

mesures du vêtement fini
Tour de poitrine : 45 (50/53/58) cm
Longueur depuis l'épaule : 21 (24/26/28) cm

fournitures
2 (2/3/3) pel de 50 g de Debbie Bliss Baby Cashmerino coloris lin
2 aig n° 3 et 2 aig n° 3 1/4
1 aig circulaire n° 3
1 petit bouton

échantillon
Un carré de 10 cm de côté, en jersey end, aig n° 3 1/4 = 25 m et 34 rgs.

abréviations
2 m torses ens env : voir p. 64.
Autres abréviations : voir p. 25.

pull sans manches

dos

Aig n° 3 1/4, monter 59 (65/68/74) m.

1er rg (end du trav) 2 m end, *1 m env, 2 m end*, rép de * à * jusqu'à la fin.

2e rg Tout à l'env.

Rép les 2 dern rgs 2 autres fs.

Tric en pt fantaisie comme suit :

1er rg (end du trav) 2 (5/2/5) m end, *1 m env, 8 m end*, rép de * à * jusqu'aux 6 dern m, 1 m env, 2 (5/2/5) m end.

2e rg Tout à l'env.

Ces 2 rgs forment le pt fantaisie et sont répétés.

Cont en pt fantaisie jusqu'à ce que la pièce mesure 11 (13/14/15) cm depuis le rg de montage, en term par 1 rg env.

Emmanchures

Rab 3 (4/4/5) m au début des 2 rgs suiv. **53 (57/60/64) m.**

Dim 1 m de ch côté du rg suiv, puis tous les 2 rgs 3 (3/4/4) fs. **45 (49/50/54) m.** **

Cont en pt fantaisie jusqu'à ce que la pièce mesure 15 (17/19/22) cm depuis le rg de montage, en term par 1 rg env.

Fente dos

1er rg (end du trav) 22 (24/25/27) m en pt fantaisie, tourner et trav sur ces m uniquement pour le 1er côté de l'encolure, en mettant les m rest en attente sur une aig auxiliaire.

2e rg Monter 2 m, 2 m end, puis tric env jusqu'à la fin. **24 (26/27/29) m.**

Rg suiv Tric en pt fantaisie jusqu'aux 2 dern m, 2 m end.

Rg suiv 2 m end, tric env jusqu'à la fin.

Rép les 2 dern rgs jusqu'à ce que la pièce mesure 19 (22/24/26) cm depuis le rg de montage, en term par 1 rg env.

Encolure

Rg suiv 15 (16/17/18) m end, tourner en mettant les 9 (10/10/11) m rest en attente sur une épingle de sûreté.

Rg suiv 1 m env, 2 m ens env, tric env jusqu'à la fin.

Rg suiv Tric en pt fantaisie jusqu'aux 3 dern m, 2 m ens end, 1 m end.

Rép les 2 dern rgs 1 autre fs. **11 (12/13/14) m.**

Faire 3 rgs en pt fantaisie.

Rabattre pour l'épaule.

Sur l'end du trav, rattacher le fil aux m en attente sur l'aig auxiliaire, 2 m end, pt fantaisie jusqu'à la fin.

Rg suiv Tric env jusqu'aux 2 dern m, 2 m end.

Rg suiv 2 m end, pt fantaisie jusqu'à la fin.

Rép les 2 dern rgs jusqu'à ce que la pièce mesure 19 (22/24/26) cm depuis le rg de montage, en term par 1 rg end.

Encolure

Rg suiv 12 (13/14/15) m env, 2 m torses ens env, 1 m env, tourner en mettant les 8 (9/9/10) m rest en attente sur une épingle de sûreté.

Rg suiv 1 m end, 1 ss, pt fantaisie jusqu'à la fin.

Rg suiv Tric env jusqu'aux 3 dern m, 2 m torses ens env, 1 m env.

Rép les 2 dern rgs 1 autre fs. **11 (12/13/14) m.**

Faire 3 rgs en pt fantaisie.

Rab pour l'épaule.

devant

Trav comme pour le dos jusqu'à **.
Cont en pt fantaisie jusqu'à ce que la pièce mesure 15 (18/20/22) cm depuis le rg de montage, en term par 1 rg env.

Encolure

Rg suiv 18 (20/20/22) m end, tourner et trav sur ces m uniquement pour le 1er côté de l'encolure, en mettant les m rest en attente sur une aig auxiliaire.
Rg suiv Rab 2 m, tric env jusqu'à la fin.
Faire 1 rg en pt fantaisie.
Rép les 2 dern rgs 1 autre fs. **14 (16/16/18) m.**
Rg suiv 1 m env, 2 m ens env, tric env jusqu'à la fin.
Faire 1 rg en pt fantaisie.
Rép les 2 dern rgs 2 (3/2/3) fs. **11 (12/13/14) m.**
Tric droit jusqu'à ce que la longueur du devant = celle du dos depuis l'épaule, en term par 1 rg env.
Rab pour l'épaule.
Sur l'end du trav, glis les 9 (9/10/10) m centrales sur un arrêt de m, rattacher le fil aux m rest en attente sur l'aig auxiliaire, tric en pt fantaisie jusqu'à la fin.
Rg suiv Tout à l'env.
Rg suiv Rab 2 m, tric en pt fantaisie jusqu'à la fin.
Rép les 2 dern rgs 1 autre fs. **14 (16/16/18) m.**
Rg suiv Tric env jusqu'aux 3 dern m, 2 m torses ens env, 1 m env.

Faire 1 rg en pt fantaisie.
Rép les 2 dern rgs 2 (3/2/3) fs. **11 (12/13/14) m.**
Tric droit jusqu'à ce que la longueur du devant = celle du dos depuis l'épaule, en term par 1 rg env.
Rab pour l'épaule.

bordure d'encolure

Coudre les épaules.
Sur l'end du trav, aig circulaire n° 3, glis sur l'aig les 8 (9/9/10) m en attente de l'encolure dos gauche, relever et tric end 8 m le long de l'encolure dos gauche, 21 m le long de l'encolure devant gauche, reprendre en tric end les 9 (9/10/10) m en attente de l'encolure devant, relever et tric end 21 m le long de l'encolure devant droit, 8 m le long de l'encolure dos droit, puis tric 7 (8/8/9) m env, 2 m end le long de l'encolure au milieu du dos. **84 (86/87/89) m.**

Pour les 1re et 3e tailles uniquement
1er rg (env du trav) 2 m end, 1 m env, *1 m end, 2 m env*, rép de * à * jusqu'aux 3 dern m, 3 m end.
2e rg (boutonnière) 1 m end, 1 jeté, 2 m ens env, *2 m end, 1 m env*, rép de * à * jusqu'aux 3 dern m, 3 m end.
3e rg 2 m end, 1 m env, *1 m end, 2 m env*, rép de * à * jusqu'aux 3 dern m, 3 m end.
4e rg 2 m end, [1 m env, 2 m end] 4 fs, 1 m env, [2 m ens end, 1 m env, 2 m end, 1 m env] 4 fs, 2 m ens end, 1 m env, 0 (-/2/-) m end, 0 (-/1/-) m env, 2 m ens end, [1 m env, 2 m end, 1 m env, 2 m ens end] 4 fs, [1 m env, 2 m end] 5 fs, 1 m end. Rab à l'end.

Pour les 2e et 4e tailles uniquement
1er rg (env du trav) 2 m end, 2 m env, *1 m end, 2 m env*, rép de * à * jusqu'aux 4 dern m, 1 m end, 1 m env, 2 m end.
2e rg (boutonnière) 1 m end, 1 jeté, 2 m ens end, *1 m env, 2 m end*, rép de * à * jusqu'aux 2 dern m, 2 m end.
3e rg 2 m end, 2 m env, *1 m end, 2 m env*, rép de * à * jusqu'aux 4 dern m, 1 m end, 1 m env, 2 m end.
4e rg 3 m end, [1 m env, 2 m end] 4 fs, [2 m ens end, 1 m env, 2 m end, 1 m env] 4 fs, 2 m ens end, 1 m env, - (0/-/2) m end, - (0/-/1) m env, 2 m ens end, [1 m env, 2 m end, 1 m env, 2 m ens end] 4 fs, [1 m env, 2 m end] 5 fs, 2 m end. Rab à l'end.

bordure d'emmanchure
(en faire 2)

Sur l'end du trav, aig n° 3, relever et tric end 65 (71/77/83) m autour de l'emmanchure.
1er rg (env du trav) 5 m env, [1 m end, 2 m env] jusqu'aux 6 dern m, 1 m end, 5 m env.
2e rg 5 m end, *1 m env, 2 m end*, rép de * à * jusqu'aux 6 dern m, 1 m env, 5 m end.
3e rg Comme le 1er rg.

Pour les 1re et 3e tailles uniquement
4e rg 5 m end, [1 m env, 2 m ens end, 1 m env, 2 m end] 4 (-/5/-) fs, 1 m env, [2 m ens end, 1 m env] 2 fs, [2 m end, 1 m env, 2 m ens end, 1 m env] 4 (-/5/-) fs, 5 m end. **55 (-/65/-) m.**

Pour les 2e et 4e tailles uniquement
4e rg 5 m end, [1 m env, 2 m end, 1 m env, 2 m ens end] - (5/-/6) fs, 1 m env, [2 m ens end, 1 m env, 2 m end, 1 m env] - (5/-/6) fs, 5 m end. **- (61/-/71) m.**

Pour toutes les tailles
Rab à l'end.

assemblage

Fermer les côtés. Coudre le bas de la patte de boutonnage avec bouton derrière la patte de boutonnage avec boutonnière. Coudre le bouton.

robe tablier

tailles
3 – 6 (6 – 9/9 – 12) mois
mesures du vêtement fini
Tour de poitrine : 47 (52/57) cm
Longueur depuis l'épaule : 36 (42/48) cm

fournitures
3 (4/4) pel de 50 g de Debbie Bliss Baby Cashmerino en gris
2 aig n° 3 et 2 aig n° 3 1/4
2 boutons

échantillon
Un carré de 10 cm de côté, en pt de riz, aig n° 3 1/4 = 25 m et 40 rgs.

abréviations
Voir page 25.

devant

Aig n° 3, monter 101 (109/117) m.
Tric en jersey end en comm par 1 rg end.
Faire 2 rgs.
Rg de trou-trous 1 m end, *1 jeté, 2 m ens end*, rép de * à * jusqu'à la fin.
Faire 3 rgs.
Prendre aig n° 3 1/4.
Rg de pt de riz 1 m end, *1 m env, 1 m end*, rép de * à * jusqu'à la fin.
Ce rg forme le pt de riz et est répété.
Cont droit en pt de riz jusqu'à ce que la pièce mesure 22 (26/30) cm depuis le rg de montage, en term par 1 rg env.
Rg de dim (end du trav) 1 (2/4) m end, [1 ss, 1 m end, 2 m ens end] 20 (21/22) fs, 0 (2/3) m end.
61 (67/73) m.
Prendre aig n° 3. **
Tric 5 rgs end.
Rab 8 (9/10) m au début des 2 rgs de pt mousse suiv. **45 (49/53) m.**
Prendre aig n° 3 1/4.
Rg suiv 3 m end, *1 m env, 1 m end*, rép de * à * jusqu'aux 4 dern m, 1 m env, 3 m end.
Ce rg forme le pt de riz avec bordures en pt mousse (pt fantaisie).
Faire 1 rg en pt fantaisie.
Rg suiv 2 m end, 1 ss, pt fantaisie jusqu'aux 4 dern m, 2 m ens end, 2 m end.
Faire 3 rgs en pt fantaisie.
Rép les 4 dern rgs 6 (7/8) fs. **31 (33/35) m.**
Faire 1 rg en pt fantaisie.
Prendre aig n° 3.
Tric 5 rgs end.

Bretelles

Rg suiv (end du trav) 6 m end, tourner.
Trav sur ces 6 m uniquement pour la 1re bretelle, jusqu'à ce qu'elle mesure 25 (27/29) cm.
Rabattre.
Sur l'end du trav, rattacher le fil aux m rest, rab 19 (21/23) m, tric end jusqu'à la fin.
Trav sur les 6 m rest pour la 2e bretelle, jusqu'à ce qu'elle mesure 25 (27/29) cm.
Rabattre.

dos

Trav comme pour le devant jusqu'à **.
Tric 3 rgs end.
Rg de boutonnière 15 (17/19) m end, 1 jeté, 2 m ens end, tric end jusqu'aux 17 (19/21) dern m, 2 m ens end, 1 jeté, 15 (17/19) m end.
Tric 3 rgs end.
Rabattre.

assemblage

Fermer les côtés. Plier l'ourlet sur l'envers et coudre en place. Coudre les boutons à l'extrémité des bretelles, à la longueur appropriée.

dimensions
70 x 70 cm

fournitures
11 pel de 50 g de Debbie Bliss Cotton DK en vert lime
2 aig n° 4
2 carrés de 73 x 73 cm de doublure en coton
Billes de polystyrène
2 rectangles de 38 x 73 cm de tissu pour le dos du coussin
Fermeture Éclair de 65 cm

échantillon
Un carré de 10 cm de côté, en pt de riz, aig n° 4 = 20 m et 32 rgs.

abréviations
Voir page 25.

coussin de sol

coussin intérieur

Coudre les 2 carrés de doublure endroit contre endroit, à 1,5 cm du bord, en laissant une ouverture de 8 cm sur un côté. Retourner la housse et, à l'aide d'une feuille de papier roulée en entonnoir, y introduire les billes de polystyrène sans trop la remplir (les billes doivent pouvoir se déplacer de façon à bien soutenir le bébé). Terminer la couture pour fermer le coussin intérieur.

devant du coussin

Aig n° 4, monter 141 m.
Rg de pt de riz 1 m end, *1 m env, 1 m end*, rép de * à * jusqu'à la fin.
Ce rg forme le pt de riz et est répété.
Tric en pt de riz jusqu'à ce que la pièce mesure 70 cm depuis le rg de montage.
Rab en pt de riz.

dos du coussin

Placer les 2 rectangles de tissu endroit contre endroit, puis épingler un des grands côtés et bâtir à 1,5 cm du bord. Retirer les épingles et piquer en laissant une ouverture de 65 cm au milieu. Repasser la couture ouverte. Placer la fermeture Éclair face contre la couture repassée et bâtir. Surpiquer la fermeture sur l'endroit. Retirer les fils de bâti. Coudre le pourtour au point zigzag pour empêcher le tissu de s'effilocher.

assemblage

Placer le devant et le dos du coussin endroit contre endroit et les coudre ensemble en prenant les mailles du rang de bordure dans la couture. Ouvrir la fermeture Éclair, retourner la housse et mettre en place le coussin intérieur.

chaussons feutrés

taille
0 – 3 mois

fournitures
2 pel de 50 g de Debbie Bliss Alpaca Silk Aran coloris pierre
2 aig n° 5

échantillon
Un carré de 10 cm de côté, en pt mousse, aig n° 5 = 18 m et 34 rgs.

abréviations
aug 1 m = faire une augmentation d'une maille dans la même maille (voir p. 20).
Autres abréviations : voir p. 25.

remarque
Les chaussons tout juste tricotés sont larges et lâches : ils rétrécissent après lavage, et l'étoffe devient plus épaisse, tout en restant très souple.

chausson
(en faire 2)

Aig n° 5, monter 24 m.
Tric 1 rg end.
Rg suiv Monter 2 m, tric end jusqu'à la fin.
Rép ce rg 1 autre fs. **28 m.**
Rg suiv Aug 1 m, tric end jusqu'aux 2 dern m, aug 1 m, 1 m end.
Tric 1 rg end.
Rép les 2 dern rgs 3 autres fs. **36 m.**
Placer un marqueur à ch extrémité du dern rg.
Tric 4 rgs end.

Cou-de-pied

Rg suiv (end du trav) 24 m end, tourner.
Rg suiv 12 m end, tourner.
Tric 18 rgs end sur ces 12 m uniquement.
Couper le fil.
Sur l'end du trav, rattacher le fil à la base du cou-de-pied, puis relever et tric end 9 m le long du bord, tric end 12 m, relever et tric end 9 m le long de l'autre bord, puis tric end les 12 m rest. **54 m.**
Tric 9 rgs end.
Couper le fil.

Semelle

Rg suiv Sur l'end du trav, glis les 21 premières m sur l'aig droite, rattacher le fil, 12 m end, tourner.
Rg suiv 11 m end, 2 m ens end, tourner.
Rép le dern rg 41 autres fs. **12 m.**
Rg suiv *2 m ens end*, rép de * à * jusqu'à la fin. **6 m.**
Rg suiv [3 m ens end] 2 fs. **2 m.**
Couper le fil, le passer dans les m rest, tirer et arrêter. Fermer l'arrière jusqu'aux marqueurs.
Rentrer tous les fils.

feutrage

Laver les chaussons à la machine, à 80-95 °C, accompagnés d'un vieux jean ou autre pièce de linge lourde résistant aux températures élevées sans déteindre. À l'issue du lavage, les chaussons auront considérablement rétréci. Les mettre en forme avant de les laisser sécher.

Bonnet réversible Cardigan raglan Couverture de poussette Pull à col châle Chaussettes à torsades Duffel-coat Sac-tapis à langer

en promenade

bonnet réversible

tailles
3 – 6 (9 – 12) mois

fournitures
1 (2) pel de 50 g de Debbie Bliss Baby Cashmerino dans ch coloris : vert lime (A) et gris (B)
2 aig n° 3 1/4

échantillon
Un carré de 10 cm de côté, en côtes fantaisie 3/1, aig n° 3 1/4 = 26 m et 34 rgs.
Un carré de 10 cm de côté, en côtes fantaisie 1/1, aig n° 3 1/4 = 28 m et 34 rgs.

abréviations
Voir page 25.

côté vert lime

Aig n° 3 1/4 et A, monter 98 (106) m.
1er rg (end du trav) *3 m end, 1 m env*, rép de * à * jusqu'aux 2 dern m, 2 m end.
2e rg Tout à l'env. Rép ces 2 rgs jusqu'à ce que la pièce mesure 14 (15) cm, en term par 1 rg env.
1er rg de dim (end du trav) *3 m end, 1 m env, 1 m end, 2 m ens end, 1 m env*, rép de * à * jusqu'aux 2 dern m, 2 m end. **86 (93) m.** Faire 3 rgs comme expliqué ci-dessus.
2e rg de dim *1 m end, 2 m ens end, 1 m env, 2 m end, 1 m env*, rép de * à * jusqu'aux 2 dern m, 2 m end. **74 (80) m.** Faire 3 rgs comme expliqué ci-dessus.
3e rg de dim *2 m end, 1 m env, 2 m ens end, 1 m env*, rép de * à * jusqu'aux 2 dern m, 2 m end. **62 (67) m.** Faire 3 rgs comme expliqué ci-dessus.
4e rg de dim *2 m ens end, 1 m env, 1 m end, 1 m env*, rép de * à * jusqu'aux 2 dern m, 2 m end. **50 (54) m.**
Tric 1 rg env.
5e rg de dim 1 m end, *2 m ens end, 1 m env, 1 m end*, rép de * à * jusqu'à la dern m, 1 m end. **38 (41) m.**
Tric 1 rg env.
6e rg de dim *2 m ens end, 1 m env*, rép de * à * jusqu'aux 2 dern m, 2 m end. **26 (28) m.**
Tric 1 rg env.
7e rg de dim 1 m end, *2 m ens end*, rép de * à * jusqu'à la dern m, 1 m end. **14 (15) m.**
Tric 1 rg env.
8e rg de dim 1 m end, *2 m ens end*, rép de * à * jusqu'à la dern m, 1 (0) m end. **8 m.**
Couper le fil, le passer dans les m rest, tirer et arrêter. Faire la couture.

côté gris

Aig n° 3 1/4 et B, monter 104 (112) m.
1er rg (end du trav) *1 m end, 1 m env*, rép de * à * jusqu'à la fin.
2e rg Tout à l'env. Rép ces 2 rgs jusqu'à ce que la pièce mesure 14 (15) cm, en term par 1 rg env.
1er rg de dim (end du trav) *[1 m end, 1 m env] 2 fs, 1 m end, 2 m ens end, 1 m env*, rép de * à * jusqu'à la fin. **91 (98) m.** Faire 3 rgs comme expliqué ci-dessus.
2e rg de dim *1 m end, 2 m ens end, 1 m env, 2 m end, 1 m env*, rép de * à * jusqu'à la fin. **78 (84) m.**
Faire 3 rgs comme expliqué ci-dessus.
3e rg de dim *2 m end, 1 m env, 2 m ens end, 1 m env*, rép de * à * jusqu'à la fin. **65 (70) m.**
Faire 3 rgs comme expliqué ci-dessus.
4e rg de dim *2 m ens end, 1 m env, 1 m end, 1 m env*, rép de * à * jusqu'à la fin. **52 (56) m.**
Tric 1 rg env.
5e rg de dim *1 m end, 2 m ens end, 1 m env*, rép de * à * jusqu'à la fin. **39 (42) m.**
Tric 1 rg env.
6e rg de dim *2 m ens end, 1 m env*, rép de * à * jusqu'à la fin. **26 (28) m.**
Tric 1 rg env.
7e rg de dim 1 m end, *2 m ens end*, rép de * à * jusqu'à la dern m, 1 m end. **14 (15) m.**
Tric 1 rg env.
8e rg de dim 0 (1) m end, *2 m ens end*, rép de * à * jusqu'à la fin. **7 (8) m.**
Couper le fil, le passer dans les m rest, tirer et arrêter. Faire la couture.

assemblage

Mettre le bonnet vert lime sur l'envers, l'insérer dans le bonnet gris et coudre les deux pièces ensemble au point caché, tout autour des rangs de montage.

cardigan raglan

tailles
0 – 3 (3 – 6/6 – 9/9 – 12) mois
mesures du vêtement fini
Tour de poitrine : 42 (46/50/54) cm
Longueur depuis l'épaule : 20 (22/25/28) cm
Longueur de manche : 12 (14/16/18) cm

fournitures
3 (3/3/4) pel de 50 g de Debbie Bliss Baby Cashmerino coloris lin
2 aig n° 3 et 2 aig n° 3 1/4
5 petits boutons

échantillon
Un carré de 10 cm de côté, en jersey end, aig n° 3 1/4 = 25 m et 34 rgs.

abréviations
Voir page 25.

dos

Aig n° 3, monter 54 (58/62/66) m.
1er rg de côtes (end du trav) 2 m end, *2 m env, 2 m end*, rép de * à * jusqu'à la fin.
2e rg de côtes 2 m env, *2 m end, 2 m env*, rép de * à * jusqu'à la fin.
Rép les 2 dern rgs 2 autres fs, aug 1 (2/3/4) m régulièrement dans le dern rg. **55 (60/65/70) m.**
Prendre aig n° 3 1/4. Tric en jersey end en comm par 1 rg end jusqu'à ce que la pièce mesure 10 (11/13/15) cm depuis le rg de montage, en term par 1 rg env.
Cran des emmanchures
Rab 4 m au début des 2 rgs suiv. **47 (52/57/62) m.** Mettre ces m en attente sur une aig auxiliaire.

devant gauche

Aig n° 3, monter 27 (27/31/35) m.
1er rg de côtes (end du trav) 2 m end, *2 m env, 2 m end*, rép de * à * jusqu'aux 5 dern m, 2 m env, 3 m end.
2e rg de côtes 3 m env, *2 m end, 2 m env*, rép de * à * jusqu'à la fin.
Rép les 2 dern rgs 2 autres fs, aug 1 (3/2/0) m régulièrement dans le dern rg. **28 (30/33/35) m.**
Prendre aig n° 3 1/4. Tric en jersey end en comm par 1 rg end jusqu'à ce que la pièce mesure 10 (11/13/15) cm depuis le rg de montage, en term par 1 rg env.
Cran de l'emmanchure
Rab 4 m au début du rg suiv. **24 (26/29/31) m.** Mettre ces m en attente sur une aig auxiliaire.

devant droit

Aig n° 3, monter 27 (27/31/35) m.
1er rg de côtes (end du trav) 3 m end, *2 m env, 2 m end*, rép de * à * jusqu'à la fin.
2e rg de côtes 2 m env, *2 m end, 2 m env*, rép de * à * jusqu'aux 5 dern m, 2 m end, 3 m env.
Rép les 2 dern rgs 2 autres fs, aug 1 (3/2/0) m régulièrement dans le dern rg. **28 (30/33/35) m.**
Prendre aig n° 3 1/4. Tric en jersey end en comm par 1 rg end jusqu'à ce que la pièce mesure 10 (11/13/15) cm depuis le rg de montage, en term par 1 rg end.

Cran de l'emmanchure
Rab 4 m au début du rg suiv. **24 (26/29/31) m.** Tric 1 rg env. Mettre ces m en attente sur une aig auxiliaire.

manche
(en faire 2)

Aig n° 3, monter 34 (38/38/42) m.
1er rg de côtes 2 m end, *2 m env, 2 m end*, rép de * à * jusqu'à la fin.
2e rg de côtes 2 m env, *2 m end, 2 m env*, rép de * à * jusqu'à la fin.
Rép les 2 dern rgs 2 autres fs, aug 3 (0/3/2) m régulièrement dans le dern rg. **37 (38/41/44) m.**
Prendre aig n° 3 1/4. Tric en jersey end en comm par 1 rg end.
Faire 4 rgs.
Rg d'aug 3 m end, aj 1 m, tric end jusqu'aux 3 dern m, aj 1 m, 3 m end.
Faire 5 rgs.
Rép les 6 dern rgs jusqu'à obtenir 45 (50/55/60) m.
Cont droit jusqu'à ce que la pièce mesure 12 (14/16/18) cm depuis le rg de montage, en term par 1 rg env.
Cran des emmanchures
Rab 4 m au début des 2 rgs suiv. **37 (42/47/52) m.**
Mettre ces m en attente sur une aig auxiliaire.

empiècement raglan

Sur l'end du trav, aig n° 3 1/4, reprendre en tric end les 24 (26/29/31) m du devant droit, les 37 (42/47/52) m de la manche droite, les 47 (52/57/62) m du dos, les 37 (42/47/52) m de la manche gauche et les 24 (26/29/31) m du devant gauche. **169 (188/209/228) m.**

Rg suiv (env du trav) Tout à l'env.
Rg suiv 21 (23/26/28) m end, 2 m ens end, 2 m end, 1 ss, 31 (36/41/46) m end, 2 m ens end, 2 m end, 1 ss, 41 (46/51/56) m end, 2 m ens end, 2 m end, 1 ss, 31 (36/41/46) m end, 2 m ens end, 2 m end, 1 ss, 21 (23/26/28) m end. Faire 3 rgs.
Rg suiv 20 (22/25/27) m end, 2 m ens end, 2 m end, 1 ss, 29 (34/39/44) m end, 2 m ens end, 2 m end, 1 ss, 39 (44/49/54) m end, 2 m ens end, 2 m end, 1 ss, 29 (34/39/44) m end, 2 m ens end, 2 m end, 1ss, 20 (22/25/27) m end.
Rg suiv Tout à l'env.
Rg suiv 19 (21/24/26) m end, 2 m ens end, 2 m end, 1 ss, 27 (32/37/42) m end, 2 m ens end, 2 m end, 1 ss, 37 (42/47/52) m end, 2 m ens end, 2 m end, 1 ss, 27 (32/37/42) m end, 2 m ens end, 2 m end, 1 ss, 19 (21/24/26) m end.
Rg suiv Tout à l'env.
Rg suiv 18 (20/23/25) m end, 2 m ens end, 2 m end, 1 ss, 25 (30/35/40) m end, 2 m ens end, 2 m end, 1 ss, 35 (40/45/50) m end, 2 m ens end, 2 m end, 1 ss, 25 (30/35/40) m end, 2 m ens end, 2 m end, 1 ss, 18 (20/23/25) m end.
Rg suiv Tout à l'env.
Cont à dim 8 m sur tous les rgs end suiv jusqu'à ce qu'il reste 65 (68/73/76) m, en term par 1 rg end.
Rg suiv Tric env jusqu'à la fin en dim 1 (0/1/0) m au milieu du dos. **64 (68/72/76) m.**
Prendre aig n° 3.
1er rg de côtes (end du trav) 3 m end, *2 m env, 2 m end*, rép de * à * jusqu'aux 5 dern m, 2 m env, 3 m end.
2e rg de côtes 3 m env, *2 m end, 2 m env*, rép de * à * jusqu'aux 5 dern m, 2 m end, 3 m env.
Rép les 2 dern rgs 2 autres fs.
Rab en côtes.

patte de boutonnage
(boutons)

Sur l'end du trav, aig n° 3, relever et tric end 58 (62/70/78) m régulièrement le long du bord du devant gauche.
1er rg de côtes 2 m env, *2 m end, 2 m env*, rép de * à * jusqu'à la fin.
2e rg de côtes 2 m end, *2 m env, 2 m end*, rép de * à * jusqu'à la fin.
Rép les 2 dern rgs 1 autre fs et de nouveau le 1er rg.
Rab en côtes.

patte de boutonnage
(boutonnières)

Sur l'end du trav, aig n° 3, relever et tric end 58 (62/70/78) m régulièrement le long du bord du devant droit.
1er rg de côtes (env du trav) 2 m env, *2 m end, 2 m env*, rép de * à * jusqu'à la fin.
2e rg de côtes 2 m end, *2 m env, 2 m end*, rép de * à * jusqu'à la fin.
Rg de boutonnière (env du trav) 2 m en côtes, [2 m ens en côtes, 1 jeté, 11 (12/14/16) m en côtes] 4 fs, 2 m ens end, 1 jeté, 2 m env.
Faire encore 2 rgs en côtes.
Rab en côtes.

assemblage

Fermer les côtés et les manches. Coudre les emmanchures. Coudre les boutons.

couverture de poussette

dimensions
Environ 45 x 71 cm

fournitures
2 pel de 50 g de Debbie Bliss Cashmerino Aran : 2 en bleu pâle (A), 1 en bleu moyen (B), 2 en lilas (C), 1 en vert pâle (D), 1 en vert moyen (E)
2 aig n° 5 ou 1 aig circulaire n° 5

échantillon
Un carré de 10 cm de côté, en jersey end, aig n° 5 = 18 m et 24 rgs.

abréviations
Voir page 25.

remarque
Appliquer la méthode de l'intarsia (voir p. 28), en utilisant des petits pelotons de fil distincts pour chaque zone de couleur et en croisant les fils à chaque changement de couleur pour éviter les trous.

devant

Aig n° 5 et A, monter 83 m.
1er rg 1 m end, *1 m env, 1 m end*, rép de * à * jusqu'à la fin. Rép ce rg 3 autres fs.
1re ligne
Rg suiv (end du trav) A [1 m end, 1 m env] 2 fs, E 15 m end, D 15 m end, C 15 m end, B 15 m end, A 15 m end, A [1 m env, 1 m end] 2 fs. **Rg suiv** A [1 m end, 1 m env] 2 fs, A 15 m env, B 15 m env, C 15 m env, D 15 m env, E 15 m env, A [1 m env, 1 m end] 2 fs.
Ces 2 rgs définissent la 1re ligne de carrés en jersey end (avec 4 m en pt de riz en A de ch côté) et sont répétés. Faire encore 18 rgs.

2e ligne

Rg suiv (end du trav) A [1 m end, 1 m env] 2 fs, B 15 m end, A 15 m end, E 15 m end, D 15 m end, C 15 m end, A [1 m env, 1 m end] 2 fs. **Rg suiv** A [1 m end, 1 m env] 2 fs, C 15 m env, D 15 m env, E 15 m env, A 15 m env, B 15 m env, A [1 m env, 1 m end] 2 fs.

Ces 2 rgs définissent la 2e ligne de carrés en jersey end (avec 4 m en pt de riz en A de ch côté) et sont répétés. Faire encore 18 rgs.

3e ligne

Rg suiv (end du trav) A [1 m end, 1 m env] 2 fs, C 15 m end, D 15 m end, B 15 m end, A 15 m end, E 15 m end, A [1 m env, 1 m end] 2 fs. **Rg suiv** A [1 m end, 1 m env] 2 fs, E 15 m env, A 15 m env, B 15 m env, D 15 m env, C 15 m env, A [1 m env, 1 m end] 2 fs.

Ces 2 rgs définissent la 3e ligne de carrés en jersey end (avec 4 m en pt de riz en A de ch côté) et sont répétés. Faire encore 18 rgs.

4e ligne

Rg suiv (end du trav) A [1 m end, 1 m env] 2 fs, A 15 m end, E 15 m end, C 15 m end, D 15 m end, B 15 m end, A [1 m env, 1 m end] 2 fs. **Rg suiv** A [1 m end, 1 m env] 2 fs, B 15 m env, D 15 m env, C 15 m env, E 15 m env, A 15 m env, A [1 m env, 1 m end] 2 fs.

Ces 2 rgs définissent la 4e ligne de carrés en jersey end (avec 4 m en pt de riz en A de ch côté) et sont répétés. Faire encore 18 rgs.

A bleu pâle

B bleu moyen

C lilas

D vert pâle

E vert moyen

5e ligne
Rg suiv (end du trav) A [1 m end, 1 m env] 2 fs, D 15 m end, B 15 m end, A 15 m end, E 15 m end, C 15 m end, A [1 m env, 1 m end] 2 fs. **Rg suiv** A [1 m end, 1 m env] 2 fs, C 15 m env, E 15 m env, A 15 m env, B 15 m env, D 15 m env, A [1 m env, 1 m end] 2 fs.
Ces 2 rgs définissent la 5e ligne de carrés en jersey end (avec 4 m en pt de riz en A de ch côté) et sont répétés. Faire encore 18 rgs.
6e ligne
Rg suiv (end du trav) A [1 m end, 1 m env] 2 fs, E 15 m end, D 15 m end, C 15 m end, B 15 m end, A 15 m end, A [1 m env, 1 m end] 2 fs. **Rg suiv** A [1 m end, 1 m env] 2 fs, A 15 m env, B 15 m env, C 15 m env, D 15 m env, E 15 m env, A [1 m env, 1 m end] 2 fs.
Ces 2 rgs définissent la 6e ligne de carrés en jersey end (avec 4 m en pt de riz en A de ch côté) et sont répétés. Faire encore 18 rgs.
7e ligne
Rg suiv (end du trav) A [1 m end, 1 m env] 2 fs, C 15 m end, B 15 m end, A 15 m end, E 15 m end, D 15 m end, A [1 m env, 1 m end] 2 fs. **Rg suiv** A [1 m end, 1 m env] 2 fs, D 15 m env, E 15 m env, A 15 m env, B 15 m env, C 15 m env, A [1 m env, 1 m end] 2 fs.
Ces 2 rgs définissent la 7e ligne de carrés en jersey end (avec 4 m en pt de riz en A de ch côté) et sont répétés. Faire encore 18 rgs.
8e ligne
Rg suiv (end du trav) A [1 m end, 1 m env] 2 fs, A 15 m end, E 15 m end, D 15 m end, C 15 m end, B 15 m end, A [1 m env, 1 m end] 2 fs. **Rg suiv** A [1 m end, 1 m env] 2 fs, B 15 m env, C 15 m env, D 15 m env, E 15 m env, A 15 m env, A [1 m env, 1 m end] 2 fs.
Ces 2 rgs définissent la 8e ligne de carrés en jersey end (avec 4 m en pt de riz en A de ch côté) et sont répétés. Faire encore 18 rgs.
Rg suiv (end du trav) A [1 m end, 1 m env] 2 fs, 75 m end, [1 m env, 1 m end] 2 fs. **Rg suiv** A 1 m end, *1 m env, 1 m end*, rép de * à * jusqu'à la fin. Rép le dern rg 3 autres fs.
Rab en pt de riz.

derrière

Aig n° 5 et A, monter 83 m.
1er rg 1 m end, *1 m env, 1 m end*, rép de * à * jusqu'à la fin.
Rép ce rg 3 autres fs.
Rg suiv (end du trav) A [1 m end, 1 m env] 2 fs, E 75 m end, A [1 m env, 1 m end] 2 fs.
Rg suiv A [1 m end, 1 m env] 2 fs, E 75 m env, A [1 m env, 1 m end] 2 fs.
Ces 2 rgs forment le pt jersey end, avec lisières en pt de riz en A, et sont répétés pour créer des rayures comme suit : toujours avec des lisières en pt de riz en A, faire 18 rgs en E, puis des rayures de 20 rgs en C, A, D, B, C, D, E, en term par 1 rg env.
Rg suiv (end du trav) A [1 m end, 1 m env] 2 fs, 75 m end, [1 m env, 1 m end] 2 fs. **Rg suiv** A 1 m end, *1 m env, 1 m end*, rép de * à * jusqu'à la fin. Rép le dern rg 3 autres fs.
Rab en pt de riz.

assemblage

Réunir les deux pièces en cousant tout autour.

pull à col châle

tailles
3 – 6 (6 – 9/9 – 12/12 – 18/18 – 24) mois

mesures du vêtement fini
Tour de poitrine : 50 (53/60/63/70) cm
Longueur depuis l'épaule : 24 (26/29/32/36) cm
Longueur de manche (revers retourné) : 14 (16/18/20/22) cm

fournitures
3 (4/5/5/6) pel de 50 g de Debbie Bliss Cashmerino Aran coloris pierre
2 aig n° 4 1/2 et 2 aig n° 5

échantillon
Un carré de 10 cm de côté, en pt de côtes, aig n° 5, légèrement étiré = 24 m et 24 rgs.

abréviations
Voir page 25.

dos

Aig n° 5, monter 62 (66/74/78/86) m.
1er rg (end du trav) 2 m end, *2 m env, 2 m end*, rép de * à * jusqu'à la fin.
2e rg 2 m env, *2 m end, 2 m env*, rép de * à * jusqu'à la fin.
Ces 2 rgs forment le pt de côtes.
Cont en côtes jusqu'à ce que la pièce mesure 14 (15/17/18/21) cm depuis le rg de montage, en term par 1 rg env.

Emmanchures
Rab 3 m au début des 2 rgs suiv. **56 (60/68/72/80) m.** **
Cont en côtes jusqu'à ce que la pièce mesure 24 (26/29/32/36) cm depuis le rg de montage, en term par 1 rg env.

Épaules
Rg suiv Rab 17 (18/21/22/25) m, tric en côtes jusqu'aux 17 (18/21/22/25) dern m, rab ces m.
Mettre les 22 (24/26/28/30) m rest en attente sur un arrêt de m pour le col.

devant

Trav comme pour le dos jusqu'à **.

Encolure
Rg suiv Tric 21 (23/27/29/33) m en côtes, tourner et trav sur ces m uniquement pour le 1er côté de l'encolure.
Faire 1 rg.
Dim 1 m du côté encolure au rg suiv, puis tous les 4 rgs 3 (4/5/6/7) fs. **17 (18/21/22/25) m.**
Tric droit jusqu'à ce que la longueur du devant = celle du dos depuis l'épaule, en term par 1 rg env.
Rabattre.
Sur l'end du trav, rattacher le fil aux m rest, rab 14 m, tric en côtes jusqu'à la fin.
Compléter le 2e côté de l'encolure comme le 1er.

manche
(en faire 2)

Aig n° 5, monter 42 (46/50/54/58) m.
1er rg (end du trav) 2 m end, *2 m env, 2 m end*, rép de * à * jusqu'à la fin.

2e rg 2 m env, *2 m end, 2 m env*, rép de * à * jusqu'à la fin.
Ces 2 rgs forment le pt de côtes.
Faire encore 6 rgs en côtes.
Prendre aig n° 4 1/2. Faire encore 8 rgs en côtes.
Prendre aig n° 5. Cont en côtes et aug 1 m de ch côté du 5e rg, puis tous les 4 rgs jusqu'à obtenir 54 (60/66/74/78) m. Cont droit jusqu'à ce que la pièce mesure 19 (21/23/25/27) cm depuis le rg de montage, en term par 1 rg env.
Placer un marqueur à ch extrémité du dern rg.
Faire encore 4 rgs.
Rabattre.

col

Sur l'end du trav, aig n° 4 1/2, rattacher le fil aux 22 (24/26/28/30) m de l'encolure dos, monter 4 (5/4/5/4) m, 2 m end, 2 m env, 0 (1/0/1/0) m end dans ces m, en côtes jusqu'à la fin.
Rg suiv (env du trav) Monter 4 (5/4/5/4) m, 2 m env, 2 m end, 0 (1/0/1/0) m env dans ces m, en côtes jusqu'à la fin.
Rg suiv Monter 4 m, 2 m env, 2 m end, dans ces 4 m, en côtes jusqu'à la fin.
Rg suiv Monter 4 m, 2 m end, 2 m env, dans ces 4 m, en côtes jusqu'à la fin.
Rép les 2 dern rgs 4 autres fs. **70 (74/74/78/78) m.**
Tric droit encore 10 rgs en côtes.
Prendre aig n° 5. Tric 2 rgs en côtes.
Rab souplement mais régulièrement en côtes.

assemblage

Coudre les épaules. Assembler les manches et le corps en cousant les extrémités des rangs au-dessus des marqueurs aux mailles rabattues sous les bras. Fermer les côtés et les manches, en inversant la couture le long des revers. Monter le col sur l'encolure et coudre les extrémités devant, le côté droit chevauchant le gauche.

chaussettes à torsades

taille
3 – 6 mois

fournitures
1 pel de 50 g de Debbie Bliss Cashmerino DK en lilas
2 aig n° 4
1 aig auxiliaire (ou à torsades)

échantillon
Un carré de 10 cm de côté, en jersey end, aig n° 4 = 22 m et 30 rgs.

abréviations
4 cd = 4 mailles croisées à droite (glisser 2 mailles sur l'aiguille auxiliaire placée derrière, tricoter à l'endroit les 2 mailles suivantes, puis les 2 mailles de l'aiguille auxiliaire).
Aug 1 m env : voir p. 64.
2 m torses ens end = tricoter 2 mailles ensemble à l'endroit en prenant le brin arrière des mailles.
Autres abréviations : voir p. 25.

chaussette
(en faire 2)

Aig n° 4, monter 42 m.

1er rg 2 m end, *1 m env, 4 m end, 1 m env, 2 m end*, rép de * à * jusqu'à la fin.

2e rg 2 m env, *1 m end, 4 m env, 1 m end, 2 m env*, rép de * à * jusqu'à la fin.

3e rg 2 m end, *1 m env, 4 cd, 1 m env, 2 m end*, rép de * à * jusqu'à la fin.

4e rg Comme le 2e rg.

Ces 4 rgs forment le pt torsadé et sont répétés 1 autre fs. Les 3 premiers rgs sont ensuite de nouveau répétés.

Pliure du revers 4 m end, *2 m ens end, 6 m end*, rép de * à * jusqu'aux 6 dern m, 2 m ens end, 4 m end. **37 m.**

Rg d'aug *2 m env, 1 m end, 1 m env, aug 1 m env, 1 m env, 1 m end*, rép de * à * jusqu'aux 2 dern m, 2 m env. **42 m.**

Rép les 4 rgs du pt torsadé 4 autres fs, puis de nouveau les 3 premiers rgs.

1er rg de dim 2 m env, *1 m end, 2 m ens env, 2 m ens env, 1 m end, 2 m env*, rép de * à * jusqu'à la fin. **32 m.**

2e rg de dim 3 m end, *2 m ens end, 6 m end*, rép de * à * jusqu'aux 5 dern m, 2 m ens end, 3 m end. **28 m.**

Talon

Rg suiv 8 m env, tourner. Faire encore 9 rgs en jersey end sur ces 8 m uniquement.

Rg de dim 2 m env, 2 m ens env, 1 m env, tourner.

Rg suiv 1 m glis, 3 m end.

Rg de dim 3 m env, 2 m ens env, 1 m env, tourner.

Rg suiv 1 m glis, 4 m end.

Rg de dim 4 m env, 2 m ens env.

Mettre les 5 m rest en attente sur un arrêt de m. Sur l'env du trav, glis les 12 m centrales sur un arrêt de m, rattacher le fil aux 8 m rest, tric env jusqu'à la fin. Faire encore 8 rgs en jersey end sur ces 8 m uniquement.

Rg de dim 2 m end, 2 m torses ens end, 1 m end, tourner.

Rg suiv 1 m glis, 3 m env.

Rg de dim 3 m end, 2 m torses ens end, 1 m end, tourner.

Rg suiv 1 m glis, 4 m env.

Rg de dim 4 m end, 2 m torses ens end, tourner.

Rg suiv 1 m glis, 4 m env.

Pied

Rg suiv 5 m end, relever et tric end 8 m régulièrement le long du bord intérieur du talon, tric end les 12 m en attente sur l'arrêt de m, relever et tric end 8 m régulièrement le long du bord intérieur du talon, puis tric end les 5 m en attente sur l'autre arrêt de m. **38 m.**

Tric 1 rg env.

Rg de dim 11 m end, 2 m ens end, 12 m end, 2 m torses ens end, 11 m end. Tric 1 rg env.

Rg de dim 10 m end, 2 m ens end, 12 m end, 2 m torses ens end, 10 m end. Tric 1 rg env.

Rg de dim 9 m end, 2 m ens end, 12 m end, 2 m torses ens end, 9 m end. Tric 1 rg env.

Rg de dim 8 m end, 2 m ens end, 12 m end, 2 m torses ens end, 8 m end. **30 m.**

Tric 13 rgs en jersey end en comm par 1 rg env.

Pointe

Rg de dim 1 m end, [2 m torses ens end, 5 m end] 4 fs, 1 m end. Tric 1 rg env.

Rg de dim 1 m end, [2 m torses ens end, 4 m end] 4 fs, 1 m end. Tric 1 rg env.

Rg de dim 1 m end, [2 m torses ens end, 3 m end] 4 fs, 1 m end. Tric 1 rg env.

Rg de dim 1 m end, [2 m torses ens end, 2 m end] 4 fs, 1 m end. **14 m.**

Rg de dim [2 m ens env] jusqu'à la fin. **7 m.**

Rabattre.

assemblage

Fermer la chaussette : commencer par la pointe, suivre le milieu de la semelle et remonter jusqu'au revers, en inversant la couture à partir de la pliure.

duffel-coat

tailles
0 – 3 (3 – 6/6 – 9/9 – 12) mois

mesures du vêtement fini
Tour de poitrine : 48 (52/57/61) cm
Longueur depuis l'épaule : 21 (24/26/28) cm
Longueur de manche (revers retourné) : 13 (15/17/19) cm

fournitures
6 (6/7/8) pel de 50 g de Debbie Bliss Rialto DK en gris
2 aig n° 3 1/4 et 2 aig n° 4
4 boutons

échantillon
Un carré de 10 cm de côté, en pt mousse, aig n° 4 = 22 m et 48 rgs.

abréviations
Voir page 25.

dos

Aig n° 4, monter 53 (57/63/67) m.
Tric en pt mousse (tous les rgs à l'end) jusqu'à ce que la pièce mesure 12 (14/15/16) cm depuis le rg de montage, en term par 1 rg env.

Emmanchures

Rab 4 m au début des 2 rgs suiv. **45 (49/55/59) m.**
Cont droit jusqu'à ce que la pièce mesure 21 (24/26/28) cm depuis le rg de montage, en term par 1 rg env.

Épaules

Rab 11 (12/14/15) m au début des 2 rgs suiv.
Rab les 23 (25/27/29) m rest.

poche
(en faire 2)

Aig n° 4, monter 12 (13/15/16) m.
Tric 28 (30/32/34) rgs end.
Mettre ces m en attente sur un arrêt de m.

devant gauche

Aig n° 4, monter 38 (41/45/48) m.
Tric 27 (29/31/33) rgs end.

Mise en place de la poche

Rg suiv (end du trav) 3 m end, rab les 12 (13/15/16) m suiv, tric end jusqu'à la fin.
Rg suiv 23 (25/27/29) m end, reprendre en tric end les m de la 1re poche, 3 m end.
Cont en pt mousse jusqu'à ce que la pièce mesure 12 (14/15/16) cm depuis le rg de montage, en term par 1 rg env.

Emmanchure

Rab 4 m au début du rg suiv. **34 (37/41/44) m.**
Cont droit jusqu'à ce que la longueur du devant = celle du dos depuis l'épaule, en term côté emmanchure.

Épaule

Rg suiv Rab 11 (12/14/15) m, tric end jusqu'à la fin.
Tric 1 rg end.
Mettre les 23 (25/27/29) m rest en attente sur une aig auxiliaire.

devant droit

Aig n° 4, monter 38 (41/45/48) m.
Tric 27 (29/31/33) rgs end.

Mise en place de la poche

Rg suiv 23 (25/27/29) m end, rab les 12 (13/15/16) m suiv, tric end jusqu'à la fin.
Rg suiv 3 m end, reprendre en tric end les m de la 2e poche, tric end jusqu'à la fin.
Cont en pt mousse jusqu'à ce que la pièce mesure 8 (9/9/9) cm depuis le rg de montage, en term par 1 rg env.
Rg de boutonnière 3 m end, 1 jeté, 2 m ens end, 13 (15/17/19) m end, 2 m ens end, 1 jeté, tric end jusqu'à la fin.
Cont en pt mousse jusqu'à ce que la pièce mesure 12 (14/15/16) cm depuis le rg de montage, en term par 1 rg end.

Emmanchure
Rab 4 m au début du rg suiv. **34 (37/41/44) m.**
Cont droit jusqu'à ce que la pièce mesure 13 (15/16/17) cm depuis le rg de montage, en term par 1 rg env.
Rg de boutonnière 3 m end, 1 jeté, 2 m ens end, 13 (15/17/19) m end, 2 m ens end, 1 jeté, tric end jusqu'à la fin.
Cont droit jusqu'à ce que la longueur du devant = celle du dos depuis l'épaule, en term côté emmanchure.
Épaule
Rg suiv Rab 11 (12/14/15) m, tric end jusqu'à la fin. **23 (25/27/29) m.**
Ne pas couper le fil, laisser ces m sur l'aig.

capuche

Coudre les épaules.
Rg suiv (end du trav) 23 (25/27/29) m end à partir du devant droit, monter 34 (37/40/44) m, 23 (25/27/29) m end à partir du devant gauche. **80 (87/94/102) m.**
Cont en pt mousse jusqu'à ce que la pièce mesure 18 (20/22/24) cm, en term par 1 rg env.
Rabattre.

manche
(en faire 2)

Aig n° 4, monter 29 (31/33/35) m.
Tric 13 (13/17/17) rgs end.
Prendre aig n° 3 ¼.
Tric 12 (12/16/16) rgs end.
Prendre aig n° 4.
Tric en pt mousse et aug 1 m de ch côté du rg suiv, puis tous les 8 rgs jusqu'à obtenir 41 (45/49/53) m.
Cont droit jusqu'à ce que la pièce mesure 17 (19/22/24) cm depuis le rg de montage, en term par 1 rg env.
Marquer ch extrémité du dern rg d'un fil de couleur.
Faire encore 8 rgs.
Rabattre.

assemblage

Plier la capuche en deux et réaliser la couture supérieure. Coudre le rang de montage de la capuche au bord rabattu de l'encolure dos. Assembler les manches et le corps en faisant coïncider le milieu du bord rabattu de la manche avec la couture d'épaule et en cousant les extrémités des rangs au-dessus des marqueurs aux mailles rabattues sous les bras. Fermer les côtés et les manches. Coudre les poches. Coudre les boutons.

sac-tapis à langer

dimensions
40 x 59 cm

fournitures
6 pel de 50 g de Debbie Bliss Cotton DK en bleu pâle
2 aig n° 4
43 x 62 cm de tissu lavable à l'éponge
3 m de ruban

échantillon
Un carré de 10 cm de côté, en pt fantaisie, aig n° 4 = 20 m et 32 rgs.

abréviations
2 m torses ens end : voir p. 126.
Autres abréviations : voir p. 25.

sac-tapis

Aig n° 4, monter 75 m.
1er et 3e rgs (env du trav) Tout à l'env.
2e rg 1 m end, *1 m env, 1 m end*, rép de * à * jusqu'à la fin.
4e rg 1 m env, *1 m end, 1 m env*, rép de * à * jusqu'à la fin.
Ces 4 rgs forment le pt fantaisie A et sont répétés.
Cont en pt fantaisie A jusqu'à ce que la pièce mesure 59 cm depuis le rg de montage, en term par 1 rg end.
Rab à l'end.

poche

Aig n° 4, monter 13 m pour le fond de poche.
1er rg (end du trav) 1 m end, *1 m env, 1 m end*, rép de * à * jusqu'à la fin.
2e et 4e rgs Tout à l'env.
3e rg 1 m env, *1 m end, 1 m env*, rép de * à * jusqu'à la fin.
Ces 4 rgs forment le pt fantaisie B et sont répétés.
Tric en pt fantaisie B pendant 4 cm, en term par 1 rg env.

Côtés

Monter et intégrer au pt fantaisie B 9 m au début des 2 rgs suiv. **31 m.**
Cont en pt fantaisie B jusqu'à ce que la pièce mesure 15 cm depuis les rgs de montage, en term par 1 rg end.
Rab à l'end.

poignée
(en faire 2)

Aig n° 4, monter 9 m. Tric 6 rgs en jersey end en comm par 1 rg end.
1er rg d'aug 1 m end, aj 1 m, 1 m end, [1 m env, 1 m end] 3 fs, aj 1 m, 1 m end. **11 m.** Tric 1 rg env.
2e rg d'aug 1 m end, aj 1 m, 1 m end, [1 m env, 1 m end] 4 fs, aj 1 m, 1 m end. **13 m.**
Placer un marqueur à ch extrémité du dern rg.
1er et 3e rgs Tout à l'env.
2e rg 2 m end, [1 m env, 1 m end] 5 fs, 1 m end.
4e rg 1 m end, [1 m env, 1 m end] 6 fs.
Rép les 4 dern rgs jusqu'à ce que la pièce mesure 25 cm depuis le rg de montage, en term par le 4e rg. Tric 1 rg env.
1er rg de dim 2 m torses ens end, 1 m env, [1 m end, 1 m env] 4 fs, 2 m ens end. **11 m.**
Tric 1 rg env.
2e rg de dim 2 m torses ens end, 1 m env, [1 m end, 1 m env] 3 fs, 2 m ens end. **9 m.**
Placer un marqueur à ch extrémité du dern rg.
Tric 6 rgs en jersey end en comm par 1 rg env.
Rabattre.

assemblage

Assembler les côtés de la poche et le fond de poche. Coudre la poche au point caché sur l'endroit de l'ouvrage à 10 cm du bord rabattu et à 10 cm du bord droit. Plier les poignées en deux dans le sens de la longueur, fermer entre les marqueurs et coudre les extrémités tricotées en jersey endroit au milieu des petits côtés du tapis. Couper le ruban en 8 et coudre les morceaux en vis-à-vis le long des grands côtés du tapis de façon à pouvoir les nouer deux à deux et fermer le sac une fois le tapis replié. Sur l'envers du tissu de doublure, plier 1,5 cm de chaque côté, puis placer le tissu sur le tapis envers contre envers et les coudre au point caché.
Les extrémités des poignées et des rubans seront masquées sous le tissu.

fournisseurs de fils

Vous pouvez vous procurer les laines et fils Debbie Bliss auprès des revendeurs suivants :

FRANCE
Elle Tricote
8, rue du Coq
La Petite France
67000 Strasbourg
France
tél. : + 33 (0)3 88 23 03 13
fax : + 33 (0)3 88 23 01 69
www.elletricote.com

BELGIQUE
Pavan
Meerlaanstraat 73
9860 Balegem (Oosterzele)
Belgique
tél. : + 32 (0) 9 221 85 94
fax : + 32 (0) 9 221 56 62
pavan@pandora.be

CANADA
Diamond Yarns Ltd
155 Martin Ross Avenue
Unit 3
Toronto
Ontario M3J 2L9
Canada
tél. : + 1 416 736 6111
fax : + 1 416 736 6112
www.diamondyarn.com

Pour plus d'informations sur les fils et les livres de Debbie Bliss, visitez le site :
www.debbieblissonline.com

brassière croisée pages 38 – 43

âge (mois)	0–3	3–6	6–9	9–12
tour de poitrine (cm)	42	46	50	54
longueur dos (cm)	26	28	30	32
long. manche (cm)	12	13	14	16

récapitulatif des modèles

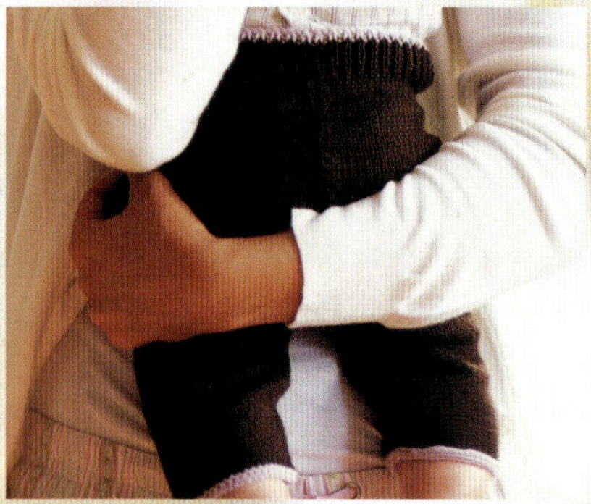

pantalon assorti pages 44 – 45

âge (mois)	0–3	3–6	6–9	9–12
tour de fesses (cm)	41	46	51	56
longueur dos (cm)	29	33	38	43

premier manteau pages 46 – 51

âge (mois)	0–3	3–6	6–9	9–12
tour de poitrine (cm)	46	50	55	60
longueur dos (cm)	28	30	32	34
long. manche (cm)	12	13	14	16

cadre maisonnette pages 52 – 55

hauteur (cm)	30.5
largeur (cm)	42

nid d'ange pages 56 – 59

âge (mois)	**0–3**	**3–6**
longueur dos (cm)	55	60

châle ajouré pages 60 – 63

longueur (cm)	110
largeur (cm)	94

mouton en peluche pages 64 – 67

hauteur (cm)	10
longueur (cm)	14

culotte bébé pages 70 – 73

âge (mois)	**3–6**	**6–9**
tour de fesses (cm)	51	56
longueur (cm)	22	24

short bébé pages 74 – 77

âge (mois)	**3–6**	**6–9**
tour de fesses (cm)	51	56
longueur (cm)	27	30

mobile cœurs pages 78 – 81

dimensions	**petit**	**moyen**	**grand**
longueur (cm)	8	9	10

peignoir à capuche pages 82 – 87

âge (mois)	6	12	18	24
tour de poitrine (cm)	59	63	67	71
longueur dos (cm)	42	48	54	60
long. manche (cm)	16	18	21	24

pull sans manches pages 88 – 93

âge (mois)	0–3	3–6	6–9	9–12
tour de poitrine (cm)	45	50	53	58
longueur dos (cm)	21	24	26	28

robe tablier pages 94 – 97

âge (mois)	3–6	6–9	9–12
tour de poitrine (cm)	47	52	57
longueur dos (cm)	36	42	48

coussin de sol pages 98 – 99

longueur (cm)	70
largeur (cm)	70

chaussons feutrés pages 100 – 103

âge (mois)	0–3

bonnet réversible pages 106 – 109

âge (mois)	3–6	9–12

cardigan raglan pages 110 – 115

âge (mois)	0-3	3-6	6-9	9-12
tour de poitrine (cm)	42	46	50	54
longueur dos (cm)	20	22	25	28
long. manche (cm)	12	14	16	18

couverture de poussette pages 116 – 121

longueur (cm)	71
largeur (cm)	45

pull à col châle pages 122 – 125

âge (mois)	3-6	6-9	9-12	12-18	18-24
tour de poitrine (cm)	50	53	60	63	70
longueur dos (cm)	24	26	29	32	36
long. manche (cm)	14	16	18	20	22

chaussettes à torsades pages 126 – 129

âge (mois)	3-6

duffel-coat pages 130 – 135

âge (mois)	0-3	3-6	6-9	9-12
tour de poitrine (cm)	48	52	57	61
longueur dos (cm)	21	24	26	28
long. manche (cm)	13	15	17	19

sac-tapis à langer pages 136 – 138

longueur (cm)	59
largeur (cm)	40

Je dédie ce livre

à ma très chère famille

remerciements

Ce livre n'aurait pas pu voir le jour sans l'aide précieuse de :

Jane O'Shea, **Lisa Pendreigh** et **Mary Evans**, de Quadrille Publishing, pour leur présence inspiratrice.

Julie Mansfield, styliste de talent, dont les conseils m'ont été, comme toujours, d'une aide précieuse.

Debi Treloar et son assistante Ciara, pour toutes ces magnifiques photographies.

Sally Kvalheim, la meilleure pour s'occuper des bébés.

Les mamans et leurs bébés, qui ont été de parfaits mannequins : **Casey** et **Evelyn**, **Charlie**, **Dylan**, **Funsho** et **Levi**, **Grace**, **Guy**, **Hayden**, **Jake**, **Katherine**, **Kristina**, **Luca**, **Mathilda**, **Noah**, **Rachel** et **Joshua**, **Rosie** et **Sydney**.

Rosy Tucker, pour la vérification des patrons et son soutien permanent, tant logistique que créatif.

Penny Hill, pour son excellente sélection de modèles et la gestion de l'équipe de tricoteuses.

Les tricoteuses, qui ont fourni des efforts colossaux pour réaliser en un temps record des ouvrages parfaits : **Cynthia Brent**, **Barbara Clapham**, **Pat Church**, **Pat Clack**, **Jacqui Dunt**, **Shirley Kennet**, **Maisie Lawrence** et **Frances Wallace**.

Mon admirable agent, **Heather Jeeves**.

Les **fournisseurs**, **détaillants** et **adeptes du tricot** qui, en contribuant au succès de mes livres et de mes fils, rendent tous mes projets réalisables.

Directrice éditoriale **Jane O'Shea**
Directrice artistique **Mary Evans**
Éditrice du projet **Lisa Pendreigh**
Assistant éditorial **Andrew Bayliss**
Photographe **Debi Treloar**
Styliste **Julie Mansfield**
Illustratrice **Kate Simunek**
Schémas des patrons **Bridget Bodoano**
Directeur de production **Vincent Smith**
Suivi de production **Ruth Deary**

Publié pour la première fois en 2007 par
Quadrille Publishing Limited
Alhambra House
27-31 Charing Cross Road
Londres WC2H 0LS
Royaume-Uni
www.quadrille.co.uk

Éditeur **Catherine Dandres Franck**
Traduction **id2m**
Mise en pages **Nord Compo**,
à Villeneuve-d'Ascq
Lecture-correction **Laurence Alvado**

Dépôt légal : février 2008
ISBN : 978-2-7373-4422-0
N° d'éditeur : 5605-01-05-02-08

Données de catalogage avant publication de la British Library
Une notice de catalogage de cet ouvrage est disponible auprès de la British Library.

Imprimé à Singapour